SCHOTTISCHER SINGLE MALT WHISKY

EINE ENTDECKUNGSREISE

BOB MINNEKEER

FOTOGRAFIE

ANDREW VERSCHETZE

Koehler

Willkommen in Schottland	11
Warum dieses Buch?	13
Whisky der Meisterklasse	14
Zutaten	16
Die Herstellung von Malt Whisky	23
Die Brennblase	39
Geruch und Geschmack	43
In Whisky investieren	48
Single-Malt-Whisky-Brennereien in Schottland	50
Die Whisky-Route	52
Schottland, ein Kuchen voller Rosinen	57
18 Brennereien im Fokus	
1 Edradour	65
2 Glenfiddich	81
3 The Glenlivet	97
4 Aberlour	113
5 Glenfarclas	123
6 Macallan	133
7 Dalmore	147
8 Glenmorangie	161
9 Highland Park	177
10 Tomatin	185
11 Ben Nevis	195
12 Talisker	211
13 Springbank	235
14 Auchentoshan	245
15 Bunnahabhain	261
16 Bowmore	269
17 Laphroaig	279
18 Ardbeg	289
Dank	299
Bob Minnekeer	300
Andrew Verschetze	300

WILLKOMMEN IN SCHOTTLAND

"Auf das Gerstenkorn ... König der Getreide!" Wie oft habe ich diesen Trinkspruch in den verschiedensten Tasting Rooms vernommen. Die Worte stammen vom schottischen Autor und Dichter Robert Burns, der einst als so etwas wie eine amtliche Autorität auf dem Gebiet des schottischen Whiskys galt. Und wie viele „gewöhnliche" Whisky-Liebhaber, Connaisseurs oder Novizen, habe ich damit auf den richtigen Weg gebracht.
Zweifellos ist die Gerste der König der Getreide. Es kann gar nicht anders sein, denn Malt Whisky, die edelste Spirituose, wird ausschließlich aus diesem Korn hergestellt. Eigentlich ist es gar nicht so überraschend, dass ich so viele Whisky-Tastings organisiert und erfolgreich durchgeführt habe. In der kulinarischen Welt von heute ist das vielmehr logisch.
Unsere Welt ist derart überfrachtet mit Angeboten, unsere Sinne zu verwöhnen, durch Sehen, Hören, Fühlen, Schmecken und Riechen, dass vor allem diese Sinneswahrnehmungen unsere Wahrnehmung prägen und uns Freude bereiten. Mit unseren Augen sehen wir Sportwettkämpfe, Ausstellungen, Sehenswürdigkeiten, Kunst und Ähnliches. Mit unseren Ohren hören wir Musik oder Geräusche der Natur, was uns beides viel bedeutet. Meist unterschätzen wir, was der Tastsinn an Erfahrungen für uns bereithält. Aber vor allem können wir uns ein vergnügliches Leben ohne Geschmacks- und Geruchssinn gar nicht vorstellen, den Geruch und den Geschmack von Whisky inbegriffen. Das beispiellose Interesse an diesem Nektar, am König der Spirituosen, rührt von seiner unerschöpflichen Vielfalt an Aromen und Geschmacksnoten.
Whisky wird von Starköchen, erfahrenen Barkeepern und Weinsommeliers derart hoch geschätzt, dass es gar nicht anders sein kann: Die kulinarische Welt ist ohne Whisky schlichtweg nicht vorstellbar. Das Motto „Auf das Gerstenkorn, König des Getreides" ist aus ihr nicht mehr wegzudenken. In jahrelanger Erfahrung mit Whisky - mit einem gehörigen Anteil Genuss - ist mir klar geworden, dass dies eine der besten unendlichen Geschichten ist, die es gibt. Unendlich, weil jedes Jahr eine ungeheure Zahl an Abfüllungen auf den Markt kommt und so weit über die Welt verstreut ist, dass man unmöglich alles kennenlernen kann, geschweige denn probieren. Dieses edle Destillat hat viele Autoren, Sänger, Schauspieler, Filmemacher und zahlreiche andere Künstler auf die eine oder andere Weise inspiriert, und jeder von ihnen hat auf seine Weise einen Beitrag dafür geleistet, Whisky noch populärer zu machen.
Glücklicherweise kennt das Erlebnis Whisky kein Ende.

Und daher der Trinkspruch: *„Auf das Gerstenkorn, König des Getreides!"*

BOB MINNEKEER

WARUM DIESES BUCH?

Es liegt wohl auf der Hand, dass wir in einer visuellen Welt leben, die eine ungeheure Fülle an Information bietet. Das Internet ermöglicht eine Vielzahl von Zugängen zum Wissen aller Art. Nach meiner Erfahrung aber greift man, mehr denn je, doch lieber zu einem Buch, wie dieses über schottische Whiskys der Meisterklasse.

Schottland ist im weltweiten Vergleich das Land mit der bedeutendsten Whisky-Kultur. „Schottischer Single Malt Whisky" will nicht die vielen Jahre der Erfahrung mit Whisky behandeln. Vielmehr ist es ein Tribut an die besten aller Whiskys. Es handelt von den Großmeistern und ihrem Beitrag dazu, diese wundersame Welt der Geschmäcker und Aromen der breiten Öffentlichkeit zugänglich zu machen. Von Großmeistern, die offen sind und willens, Liebhabern wie Connaisseurs die nötige Unterstützung zu geben. Von Großmeistern, die stets nach bleibender Qualität streben. Von Großmeistern mit Fachwissen und gleichzeitig einem Herz für das Produkt selbst, die für die Verfügbarkeit ihres Whiskys einstehen. Von Brennereien inmitten der idyllischen schottischen Natur, die Besucher seit jeher willkommen heißen.

Über Whisky wurden unzählige Bücher geschrieben, stets mit einem anderen Zugang zu diesem edlen Produkt. Manche sind überaus technisch, andere vertiefen sich bei der Beschreibung von Geschmacksnoten in die chemischen Aspekte, oder sie halten sich an Produktlisten, mit oder ohne Hinweisen zum Geschmack oder Einschätzungen des Autors über die Produkte. All das ist schön und gut, aber die Geschichte ist unvollständig, wenn es nicht auch um die Meilensteine und Begründer des Single Malt Whiskys geht. Und natürlich muss auch der kommerziellen Seite der Branche Aufmerksamkeit geschenkt werden: Um in einem harten Wettbewerb zu bestehen, muss Gewinn gemacht werden.

Dieses Buch beleuchtet, was Brennereien den Whisky-Liebhabern zu bieten haben, darunter auch Zugänglichkeit und Angebote. Lage, Umgebung, Sehenswürdigkeiten und Naturschönheit erfahren ebenfalls die ihnen gebührende Aufmerksamkeit, um dem Leser nahezubringen, wo eigentlich diese wunderbaren Brennereien florieren.

Dieses Buch versteht sich zudem als Aufforderung, eine eigene, individuelle Whisky-Route der Meisterklasse, eine Whisky-Tour des höchsten Levels zusammenzustellen. Das wird ein sehr besonderes Erlebnis sein, an dem die ganze Familie Anteil hat, sei es gemütlich im Sessel oder vor Ort im gastfreundlichen Schottland. Zu viele Menschen geben zu viel Geld für schlechte Produkte aus. Das liegt nicht immer am Mangel an Produktwissen, sondern auch an Verkaufsmaschen und Marketing. Und nicht zu vergessen ist auch, dass jede und jeder seine Vorlieben hat.

Eins ist sicher: Wer über eine oder mehr Abfüllungen jeder der hier behandelten Destillen in seiner Hausbar verfügt, kann sich zweifellos sehr glücklich schätzen.

WHISKY DER MEISTERKLASSE

Meisterklasse: Ist dieser Begriff aus der Welt der Kunst zu hoch gegriffen?
Ja, es gibt in der Tat so etwas wie Whisky der Meisterklasse. Ansichten mögen verschieden und subjektiv sein, aber eine Tatsache lässt sich schwerlich verleugnen: Dass Whisky benotet werden kann in gut, besser, am besten. Darüber hinaus bin ich der Meinung, dass ein Whisky der Meisterklasse weder alt noch teuer sein muss. Mehr denn je interessieren sich die Käufer für den Mehrwert. Auf das Besondere, Bedeutende, Entscheidende und auf die Transparenz kommt es an. Wer das als Produzent nicht liefern kann, ist aus dem Rennen. Käufer bewerten streng, entscheiden sich schnell und sind zunehmend weniger loyal.

Um Weine einzuordnen, kommt es auf Rebsorten, Weinberge und Sonneneinstrahlung an. Beim Whisky richtet sich der entscheidende Blick auf die Qualität des Fasses, in dem der Whisky gereift ist. Im jahrelangen Prozess der Reifung hinterlässt das Fass im Produkt seine Wirkung und hat großen Anteil an den Aromen des Endprodukts. Die sorgfältige Überwachung des Reifeprozesses mit angemessener Expertise garantiert Balance, Fülle und Tiefe des Gaumens.

Mein langes und anhaltendes Interesse an Whisky erlaubt mir die Aussage, dass sich in jeder Brennerei Fässer von geschmacklich besonders ausgereiftem Inhalt finden lassen. Jeder Produzent verfügt über diverse exzellente Abfüllungen. Aber dies immer und immer wieder zu liefern und damit die Zukunft zu sichern, ist für manche Produzenten zu einem Problem geworden. Ganz offensichtlich spüren sie den Druck durch steigende Nachfrage einerseits und eine harte Konkurrenz andererseits.

Sie konkurrieren außerdem mit einem schwindenden Bestand an Destillerien, weil Brennereien nicht mehr produzieren oder bereits geschlossen sind. Hat eine solche Brennerei einen bekannten Namen, werden ihre Abfüllungen exklusiv, rar und wertvoll für Sammler. Man könnte sagen, dass es einen riesigen Friedhof erstklassiger, aber inzwischen verschwundener Abfüllungen gibt. Whiskys, die nicht mehr erhältlich sind oder in den Regalen und Kellern von Sammlern verschwanden – der Whisky-Friedhof.

Aber keine Sorge, noch immer lassen sich viele exklusive Abfüllungen finden: limitierte Editionen, Einzelfässer, Special Finishes und so weiter. Alter ist kein Kriterium für Exklusivität: Ein junger Whisky von zwölf Jahren kann etwas Besonderes sein, wenn er in bestimmten limitierten Auflagen angeboten wird. Abfüllungen von fünfzehn oder zwanzig, gar dreißig oder vierzig Jahre altem Whisky sind die Ausnahme und sehr besonders. Meist sind es ausgesprochen geschmacksintensive Whiskys. Manche Brennereien verfügen über Whiskys, die sie fünfzig Jahre im Fass lagern lassen. Einige tun das sechzig Jahre lang und kürzlich stießen wir sogar auf ein siebzig Jahre altes Beispiel. Ich konnte viele dieser Produkte testen, aber bei Weitem nicht alle. Sie sind dafür zu exklusiv. Aber sind sie deswegen die besseren Whiskys? Einige sind besonders und geschmacksreich, aber aus Erfahrung wissen wir, dass manche eher zu lange im Fass gelagert wurden, bis der Whisky seine Balance verlor. Anders gesagt: exklusiv, aber keine Meisterklasse.

Oft hört man, eine Flasche Whisky müsse man auf ihrem Höhepunkt kaufen, aber wie erkennt man diesen Zeitpunkt? Wenn man aus demselben Fass immer wieder probiert und irgendwann feststellt, dass der Reifeprozess zu weit gegangen ist, ist es bereits zu spät. Dann ist klar, dass man *le moment suprême* verpasst hat.

Ein erfahrener Lagerhalter spürt, wenn der Zeitpunkt näherrückt, und kann rechtzeitig eingreifen. Das ist es, was diese Leute so besonders macht: Die Fähigkeit, im richtigen Moment das richtige Fass auszuwählen.

Die besten Tropfen, die mir unterkamen, waren zwischen 15 und 45 Jahre alt. Einfach himmlische Tropfen, deren Flasche gut versteckt ist und nur herausgeholt wird, um sie mit sehr, sehr guten Freunden zu teilen. Manche dieser Spitzenwhiskys haben gesalzene Preise. 100 bis 1000 Euro sind durchaus üblich. Kunden zahlen für diese Sammlerstücke schwindelerregende Preise. Für besonders alte und seltene Abfüllungen werden sogar 5000, 10.000 oder 20.000 Euro aufgerufen. Da spricht man eher von Investieren als von Konsumieren. Auf das Investieren komme ich in diesem Buch noch zurück.

Natürlich muss man eine Menge Erfahrung sammeln, um in der schieren Menge von Abfüllungen die Spitzenprodukte ausmachen zu können. Niemals sollte man sich von anderen vorschreiben lassen, was guter Geschmack ist. Vielmehr sollte man sich sein eigenes Bezugssystem erarbeiten und sich dafür die nötige Zeit nehmen. Und *last, but not least* ist der finanzielle Aspekt wichtig: Wie viel ist man bereit auszugeben für einen Whisky der Meisterklasse?

Die Suche nach dem einen Fass des ultimativen, geschmacklich besonderen flüssigen Goldes unter Tausenden angebotener Fässer geht immer weiter. Das Trachten der Meisterproduzenten ist es, den erklärten Liebhabern der Exzellenz immer wieder ein Fass Whisky der wahren Meisterklasse anzubieten.

Einstige Top-Abfüllungen: Limited Editions, beendete Serien etc. Wenn die Vorräte erschöpft sind, landen sie unweigerlich auf dem „Whisky-Friedhof".

ZUTATEN

WASSER

Schottland hat mehr Wasser als genug, möchte man meinen. Indianische Regentänze erscheinen ziemlich abwegig, eher das Gegenteil. Einerseits hören wir die ständigen Untergangsbeschwörungen von schmelzenden Polkappen und Gletschern, aber im Gegensatz dazu hat Schottland mit beispiellos niedrigen Wasserständen in seinen Lochs (Seen) und Flüssen zu kämpfen. Wasser ist lebensnotwendig, das ist jedem klar, aber das Wasser sparsam zu nutzen, muss vielen erst noch vermittelt werden.

Für die Herstellung von Whisky braucht es eine Menge Wasser: Wasser für die Produktion und, früher, außerdem als Energiequelle. Viele Destillerien liegen an Flüssen. Wasserräder am Fluss betrieben eine einfache Mechanik wie Rotierblätter oder Pumpen. Im 18. Jahrhundert begann der Einsatz der Dampfmaschine, die der Schotte James Watt erfunden hatte. Mit dem Aufkommen elektrischer Motoren im 20. Jahrhundert wurden Wasserräder zum nostalgischen Erbe der Technik. Zum Heizen und Kühlen nutzen Brennereien Dampf und Kühlwasser. Energie ist teuer, und deswegen sind Wärmeübertrager Teil jeder Modernisierungsmaßnahme in Destillerien. Jeder Produzent versucht mit möglichst wenig Energie (Öl oder Elektrizität) möglichst viel Whisky zu produzieren, und zwar bei möglichst geringem Wasserverbrauch (und damit auch möglichst wenig Abwasser).

Destillerien sind abhängig vom lokal verfügbaren Wasser: ein See, ein Fluss und manchmal eine Quelle. Die Wasserqualität wird ständig überwacht, analytisch wie biologisch.

Die biologische Analyse erfolgt vor allem im Hinblick auf Verschmutzung, Bakterien und Mikroorganismen. Niedrige Temperaturen und hohe Strömungsgeschwindigkeiten minimieren die Gefahr biologischer Kontamination. Die analytische Überwachung bezieht sich auf pH-Wert, Härtegrad und stoffliche Verschmutzung, zum Beispiel durch Sedimente. Reines Wasser hat einen pH-Wert von 7, aber Luftverschmutzung und die torfreiche Erde sorgen für ein leicht saures Wasser. Das befördert die Entstehung der Aromen während des Brauvorgangs.

Kalzium- und Magnesiumsalze bestimmen den Härtegrad des Wassers. Erwünscht ist ein Wert zwischen 4 °dH (weich) und 28 °dH (hart). °dH steht für Grad deutscher Härte und ist die Einheit für den Härtegrad von Wasser. Hartes Wasser kommt in Schottland selten vor. Nur ungefähr ein Dutzend Brennereien produzieren mit hartem Wasser.

GERSTE

Für Whisky-Blend kann jedes Getreide verwendet werden, am besten eines, das sofort vergoren werden kann. Single Malt Whisky hingegen wird ausschließlich aus Gerste hergestellt. Gerstengetreide wird fast überall in der Welt angebaut. Whisky-Hersteller entscheiden selbst, aus welchem Land und welcher Region die

Torf ist kein Ausgangsstoff von Kohle. Es entsteht aus Pflanzen, die vor Tausenden Jahren abstarben und eine Erdschicht bildeten. Es entsteht auch, wenn sich Wasserflächen mit säurehaltigen Pflanzen zusetzen.

Beim Verbrennen von leicht feuchtem Torf entsteht ein dicker beißender Rauch, der beim Trocknen auf die keimende Gerste einwirkt. Bei der Whisky-Herstellung bleiben die rauchigen Aromen erhalten.

Gerste stammt, die sie verarbeiten. Schottische einheimische Gerste ist besonders gesucht, allerdings übersteigt die Nachfrage das Angebot bei Weitem. Daher werden große Mengen in den ehemaligen Ostblockländern eingekauft. Die gängigsten Sorten sind Golden Promise, Optica und Concerto. Für gleichbleibende Qualität zu sorgen, ist schwierig. Deshalb setzen die Produzenten auf besonders ertragreiche Sorten. Nur zweizeilige Sommergerste eignet sich für die Malzherstellung. Gerstenmalz, also gekeimte Gerstenkörner, sind der wichtigste Rohstoff für die Herstellung von Bier und Whisky. Aus einem Kilo Gerstenmalz lassen sich ungefähr sechs Liter Wash (Bier) brauen. Der Eiweißanteil in der Malzgerste sollte nicht mehr als 11,5 Prozent betragen und möglichst nicht weniger als 9,5 Prozent. Optimal ist ein Anteil zwischen 10 und 11 Prozent. Ein zu hoher Eiweißanteil geht zulasten des Stärkeanteils und bringt geringeren Ertrag. Ist der Eiweißanteil zu niedrig, führt das zu Problemen beim Mälzen.

Für die Herstellung von Whisky eignen sich Weizen, Roggen und Mais. Dinkel, Buchweizen und Hafer dagegen sind mit wenigen Ausnahmen ungeeignet.

HEFE

Um Zucker in Alkohol zu verwandeln, benutzt man im Allgemeinen Hefekulturen. Diese Hefekulturen sorgen für gleichbleibende Qualität. Bäckerhefe ist so beschaffen, dass sie Stärkezucker beim Vorgang des Brotgehens in Kohlendioxid (CO_2) umwandelt, was den Teig locker macht. Andere Hefearten dienen der Umwandlung von Fruchtzucker in Alkohol für Weine. Manche Hefekulturen arbeiten besser bei niedriger Temperatur oder geringem pH-Wert, andere bei höherem. Folglich werden die Hefekulturen für Whiskys speziell danach ausgewählt, den Malzzucker (Maltose) in Alkohol umzuwandeln. Bei der Gärung gibt es zwei Arten: Obergärung und Untergärung. In letzterem Fall wird das Bier bei vergleichsweise niedrigen Temperaturen gegoren, üblicherweise bei 4 bis 15 °C. Bei diesem Prozess lagert sich die Hefe am Boden des Behälters ab, daher der Begriff untergärig. Diese Art der Gärung dauert länger als die Obergärung, auch Hochgärung genannt. In diesem Fall gärt das Bier bei einer vergleichsweise hohen Temperatur von 15 bis 25 °C. Dabei schwimmt die Hefe oben auf dem Sud, daher der Begriff obergärig. Whisky wird obergärig hergestellt. Hefe kommt normalerweise als Trockenhefe zum Einsatz. Diese kann der Stammwürze als Pulver beigemengt werden, allerdings wird heute meist eine flüssige Hefelösung zugegeben.

TORF

Für das rauchige Aroma des Whiskys sorgt der Torf. Da die gemälzte Gerste mit Luft getrocknet wird, kann das Malz dabei Torfrauch ausgesetzt werden, vergleichbar dem Räuchern von Fleisch oder Fisch, aber mit Torf anstelle von Holz. Je nach dem Verhältnis von Heißluft und Torfrauch wird das Malz leicht oder kräftig geräuchert und der Whisky schmeckt leicht oder kräftig torfig.

Der Rohstoff Torf entsteht, wenn die Zersetzung organischen Pflanzenmaterials in einem frühen Stadium zum Stillstand kommt. Genauer gesagt, wenn die abgestorbene Pflanze auf irgendeine Weise von Luftzufuhr abgeschnitten wird (z. B. durch Wasser oder Schlamm) und nicht mehr weiter verrotten kann.

Heutzutage findet Torf vor allem im Gartenbau Verwendung. Nur ein sehr kleiner Anteil gestochenen Torfs wird zum Heizen oder bei der Malzproduktion verwendet. Darin enthaltene Furfurale, Kresole und Phenole sorgen für das besondere Aroma getorfter Whiskys. Diese Stoffe sind nicht harmlos, sondern fallen in die Kategorie der Karzinogene. Im Whisky aber ist ihre Konzentration so gering, dass es schon vorher zu einer Lebererkrankung aufgrund des übermäßigen Alkoholexzesses käme.

HOLZ

Muss Alkohol in Holzfässern gelagert werden? Natürlich nicht, man denke nur an Wodka oder Gin. Diese Spirituosen werden aus unterschiedlichem Getreide hergestellt und gelangen meist ohne Lagerung zum Endkunden. Für Whisky ist die Reifung in Holzfässern (gesetzlich) vorgeschrieben. Es hat sich erwiesen, dass für Anwendungen in der Getränkeherstellung Amerikanische Weißeiche am besten geeignet ist. Weine, die für eine bestimmte Zeit in Holz gelagert werden, entwickeln ein ganz eigenes Aroma und speziellen Gaumen.

Wegen des hohen Alkoholgehalts von Whisky kommt ein erheblicher Anteil der Aromen vom Holz, je nach Qualität der Fässer, ihrer Vorgeschichte und der Lagerzeit. Das Holz mildert die Geschmacksnoten und macht die Spirituose weicher. Die Tannine im Holz und fast allen Pflanzen geben oft einen bitteren, trockenen, holzigen Flavour. Für die Lagerung von Whisky bevorzugen die Produzenten Fässer, die zuvor für die Reifung von Weinen (auch Sherry), Dessertweinen oder Bourbon verwendet wurden. Neue Fässer werden nicht verwendet, weil sonst zu viel Harz in die Spirituose übergeht. Seit einigen Jahrzehnten werden mit befriedigenden Ergebnissen neue Hölzer getestet. Auf die Herstellung der Fässer kommen wir später in diesem Buch noch zurück.

Die Beschaffenheit der Fässer beeinflusst das Endprodukt erheblich. Die meisten Fässer kommen aus Amerika und werden aus nordamerikanischer Eiche hergestellt und mit etwas europäischer Eiche ergänzt.

Ein Stück Jute um den Propfen dichtet das Fass ab.

Zu Beginn des Keimvorgangs wird die Gerste in großen Bottichen eingeweicht, bis der erwünschten Grad an Feuchtigkeit erreicht ist.

Beim Keimen kann die Temperatur stark steigen und muss genau beobachtet werden, um Schmoren oder Brand auszuschließen.

DIE HERSTELLUNG VON MALT WHISKY

Die Herstellung von Malt Whisky durchläuft verschiedene Produktionsstufen, immer wieder und mit größter Sorgfalt sowie unter Verwendung der stets gleichen Rohstoffe, um einen möglichst gleichbleibenden Geschmack zu erzielen.

MÄLZEN

Während des Mälzvorgangs wird die Zellwand der Gerstenkörner porös und die Stärke darin wird den Enzymen zugänglich, die beim Mälzen aktiviert werden. Diese Enzyme dienen der Umwandlung der Stärke in Zucker/Maltose. Enzyme sorgen für die nötigen biochemischen Reaktionen wie die Produktion von Nährstoffen, die der Keimling aufnehmen kann. Der Prozess des Keimens soll so kurz wie möglich gehalten werden, damit bei diesem Schritt so wenig Stärke wie möglich umgewandelt wird. Die Enzyme werden erst bei der Vorbereitung der Maische wieder reaktiviert.

Das Mälzen geschieht in drei Schritten: Weichen, Keimen, Trocknen.

Es beginnt bei der Auswahl geeigneter Braugerste. Gerste kann man weltweit einkaufen und sie muss nicht notwendigerweise aus dem Land stammen, in dem der Malt Whisky hergestellt wird. Nach Trocken- und Ruhezeit müssen die Gerstenkörner wieder reaktiviert werden. Dafür wird der Gerste in großen Becken oder Steeps abwechselnd Wasser und Luft zugeführt. Dieser Schritt dauert zwei bis vier Tage. Dabei nimmt die Gerste Wasser auf und setzt zum Keimen an.

Im zweiten Schritt des Mälzens wird die eingeweichte Gerste als dicke Schicht auf der Darre verteilt. Mehrmals pro Tag wird die Schicht belüftet, damit das Korn keimen kann. Wie unter natürlichen Bedingungen versucht das Korn sich fortzupflanzen: Im Gerstenkorn entsteht zunächst eine Knospe, dann entwickelt sich eine Wurzel, sodass ein neuer Gerstentrieb wachsen kann. Das ist der Moment, an dem das Wachstum unterbrochen wird.

Dieser Schritt wird Floor Malting (Bodenmälze) genannt. Früher hatte jede Destille ihre eigene Mälzerei, aber inzwischen übernehmen industrielle Mälzereien das arbeitsintensive Mälzen. Nur noch ein paar Brennereien halten an dieser alten Technik fest, entweder als Touristenattraktion oder zur Herstellung von Spezialmalzen. Um zum richtigen Zeitpunkt den Keimprozess zu stoppen, muss den keimenden Gerstenkörnern die Feuchtigkeit entzogen werden. Dieser Schritt wird als Trocknen oder Darren bezeichnet. Die Gerstenkeime, auch grünes Malz genannt, werden auf einem gelochten Boden gleichmäßig verteilt und von unten mit heißer Luft getrocknet.

Die Darre kann mit einem Torfofen ausgestattet sein, muss aber nicht. Das Trocknen des grünen Malzes erfolgt mit Heißluft aus einem Öl- oder Gasbrenner.

Das Mälzen auf dem Mälzboden kommt nur noch in einer Handvoll schottischer Brennereien vor. Fast überall wurde es durch industrielle Verfahren abgelöst. Hier Trommel- oder „mechanisches" Mälzen (Drum Malting).

Aus Malzkarren wird die nasse Gerste entweder hineingeschüttet oder mit Druckluft hineingeblasen.

Wenn als Energiequelle Torf genutzt wird, leitet man den Rauch des Torffeuers durch den Boden der Darre auf das grüne Malz. Die Dauer des Vorgangs und die Konzentration des Torfrauchs sorgt für das rauchige und torfige Phenolaroma des Endprodukts. Die Intensität des Torfrauchs im Malz wird nach dem Phenolgehalt gemessen, die Einheit ist PPM (parts per million). Die wichtigsten Bestandteile des Torfrauchs sind Phenol, Guajacol, Syringol und Kresol.

MAHLEN

Ein wichtiger Schritt ist das Mahlen der gemälzten Gerste. Es geht nicht um die Herstellung von Mehl, ganz im Gegenteil. Zuerst entfernt man die kleinen Wurzeln und Sprossen aus dem Malz, das dann zwischen zwei schnell rotierenden Walzen aus Metall zerkleinert wird. Dabei bricht das Endosperm auf (die Stärke, die den Keim umhüllt), aber die Spreu bleibt intakt. Das Aufbrechen des Endosperms erleichtert den Zugang der Enzyme zur Stärke, die in Zucker umgewandelt wird. Das gemahlene Malz wird Schrot genannt.

MAISCHEN

Beim Maischvorgang wird der Zucker im Malzschrot in Wasser zu gärfähigem Zucker aufgelöst. Durch das Maischen mit heißem Wasser verwandeln die Enzyme (Proteine) in den Gerstenkörnern die lösliche Stärke in kleinere lösliche Stücke.

Je nach Temperatur und Dauer können die verschiedenen Enzyme ihre jeweilige Aufgabe erledigen: Alpha-Amylase arbeiten am besten unter hohen Temperaturen; sie wandeln Stärke in große Stücke nicht gärfähigen Zucker (Dextrine) um, während Beta-Amylase diese Dextrine bei niedrigen Temperaturen in gärfähige Zucker wie Fruktose, Glukose und Maltose umwandeln. Im Allgemeinen findet der Maischprozess bei steigender Temperatur in drei Schritten statt: zunächst bei ca. 60 °C, dann

Gärbottiche sind aus Holz oder rostfreiem Stahl. Beide eignen sich gleich gut, aber der Stahl lässt sich leichter reinigen und warten.

Das Bier, das bei der Gärung entsteht, eignet sich nicht zum Trinken, aber zum Probieren. Schon bei diesem Schritt hat jede Brennerei ihren eigenen, unverwechselbaren Gaumen erzielt.

bei ca. 80 °C und ein letztes Mal bei 90 °C. Im letzten Schritt findet allerdings keine Fermentation statt. Bei dieser hohen Temperatur sind die Enzyme nicht mehr aktiv, sondern lösen den letzten Rest Zucker besser auf. Danach kann die Maische abkühlen, und dieses „Wasser" wird bei der nächsten Füllung gleich zu Anfang eingesetzt. Durch Abwiegen der süßen Lösung lässt sich der Zuckergehalt ermitteln. Im ersten Spülwasser kommt die Maische auf einen Wert von 1050 kg pro Kubikmeter.

GÄRUNG ODER FERMENTIERUNG

Die abgekühlte Würze (Wort) wird in Gärbottichen fermentiert. Die dabei notwendigen Proben und Tests werden an der Würze vorgenommen. Wichtig ist ein optimaler Säurewert, der gegebenfalls angeglichen wird. Nun wird die Hefe hinzugefügt, je nach Ausstattung in fester oder flüssiger Form. Die Hefeorganismen wandeln den vorhandenen Zucker in Alkohol und Kohlendioxid um.

Zu Beginn des Gärprozesses nutzt die Hefe den in der Würze vorhandenen Sauerstoff sowie den Zucker, um zu wachsen. Wenn der gesamte Sauerstoff aufgebraucht ist, setzt die anaerobische Fermentation ein und der Zucker wird in Alkohol, Kohlendioxid und verschiedene Nebenprodukte umgewandelt.

Je nach Größe des Gärbottichs, des Zuckeranteils und der Menge hinzugefügter Hefe dauert der Gärprozess 36 bis 48 Stunden. Da Alkohol leichter als Wasser ist, vermindert sich das spezifische Gewicht: Zusammen ergeben nicht umwandelbare Bestandteile, Wasser und Alkohol ein spezifisches Gewicht von rund 1005 kg pro Kubikmeter.

In der Whisky-Branche wird normalerweise mit Obergärung gearbeitet. Das bedeutet, dass die Gärung oben im Gärbottich abläuft. Die übliche Temperatur liegt bei 14 °C bis 29 °C.

In Schottland werden die besten Gärbottiche aus Weißeiche oder Lärchenholz aus Oregon gefertigt. Zwar werden diese Behälter regelmäßig bedampft, aber einige Bakterien überleben immer in ihnen. Vor der Fermentation wird die Würze nicht aufgekocht – wie bei der Bierherstellung –, sodass Bakterien in der Würze wirken können. Die Nebenprodukte, für die diese Organismen verantwortlich sind, bestimmen Charakter und Aroma des Malt Whiskys.

Während der Fermentierung produziert die Hefe alle möglichen Aromen: Es entstehen Ester, die für fruchtige und blumige Aromen sorgen. Da während des Gärprozesses die Temperatur steigt, werden Hefe und Bakterien aktiver. Diese höheren Temperaturen stellen sicher, dass viele weitere Aromen entstehen. (Beim Bier wird die Temperatur kontrolliert und nur wenige oder gar keine Bakterien sind vorhanden, weshalb sich weniger Aromen bilden können.) Bei dieser hohen Temperatur spalten sich die Hefezellen auf und produzieren Fettsäuren. Die Fettsäuren reagieren mit Alkohol zu Ester. Nach zwei Tagen sind die meisten Hefezellen abgestorben, aber nach ein paar weiteren Tagen haben sich noch mehr Aromen gebildet.

Wenn der gesamte gärfähige Zucker vergoren ist, kann das so gewonnene „Beer" destilliert werden.

Die Gärbottiche werden so aufgestellt, dass die Oberfläche gut zugänglich ist. Der größere Teil liegt unter Raumniveau und ist nicht sichtbar.

DESTILLATION

Die Destillation mit einem Alambic oder einer Brennblase ist ein sehr altes Verfahren, das die Chinesen schon 3000 v. Chr. anwandten. Es erreichte unsere Breitengrade über die Inder (2500 v. Chr.), Ägypter (2000 v. Chr.), Griechen (1000 v. Chr.) und Römer (200 v. Chr.). In all diesen Kulturen wurden die Destillate zu medizinischen Zwecken und für Parfüme verwendet. Das Wort Alkohol selbst kommt vom arabischen al-kuhul, das Kohle bedeutet und sich auf den Brennstoff zum Destillieren von Alkohol bezieht. Nur um das 11. Jahrhundert unternahm man in einer italienischen Medizinschule Experimente mit dem Brennen von Alkohol als Getränk.

Das vorrangige Ziel hat sich dabei nicht verändert: aus einer Mischung von Wasser und Alkoholauszügen ein Konzentrat trinkbaren Ethanols zu gewinnen. Sobald man zwei Flüssigkeiten mischt und dann vorsichtig zum Kochen bringt, wird vom Bestandteil mit dem niedrigeren Siedepunkt mehr verdunsten. Im verdampften Zustand ist von diesem Bestandteil mehr vorhanden als in der Ausgangsmischung. Wenn man diesen Dampf ableitet und in einem anderen Gefäß kondensieren lässt, kann man die beiden Bestandteile (wieder) trennen.

Für die Destillation von Malt Whisky kommt noch immer ein Alambic oder eine Brennblase zum Einsatz. Die Gärbrühe (Beer) wird in eine kupferne Brennblase gefüllt, die wash still (erste Brennblase), und zum Kochen gebracht. Das spezifische Gewicht (Wichte) von Alkohol beträgt 789 kg pro Kubikmeter, die Siedetemperatur von Ethanol liegt bei 78,4 °C. Der Siedepunkt der Gärbrühe richtet sich nach dem enthaltenen Alkohol. Der vorhandene Alkohol steigt rasch zur Oberfläche, siedet und verdampft. Das erste Destillat, Low Wine genannt, enthält ungefähr 28 Prozent Alkohol (also 28 g Ethanol auf 100 ml) und wird in der zweiten Brennblase (spirit still) abermals erhitzt. Bei dieser zweiten Destillation erzielt man ein Destillat einer Alkoholkonzentration von ungefähr 70 Prozent. In schottischen Malt-Whisky-Brennereien wird im Allgemeinen zweimal destilliert. Irland dagegen wendet die dreifache Destillation an. Dafür wird eine Brennblase mit 15.000 Liter Gärbrühe befüllt. Bei der ersten Destillation verdampfen 9.300 Liter, während 5.700 Liter Low Wine mit einem Alkoholgehalt von ca. 22 Prozent verbleiben. Dazu gibt man nun die Feints des letzten Durchlaufs: ca. 3260 Liter mit ungefähr 36 % vol., was zusammen 8.960 Liter mit ungefähr 28 % vol. ergibt. Diese 8.960 Liter kommen in die Brennblase und werden destilliert, um den trinkbaren Alkohol abzutrennen. Das nennt man den middle cut. Nach der Destillation verbleiben ungefähr 4.000 Liter des wässrigen Anteils und ungefähr 3.260 Liter Feints (head and tail destillate). Der verwendbare Anteil ergibt etwa 1.700 Liter mit ungefähr 70 % vol. Dieses Destillat wird mit Wasser auf etwa 63 % vol. verdünnt und in Fässer abgefüllt. Aus eintausend Kilo Malz lassen sich bis zu 400 Liter Alkohol destillieren.

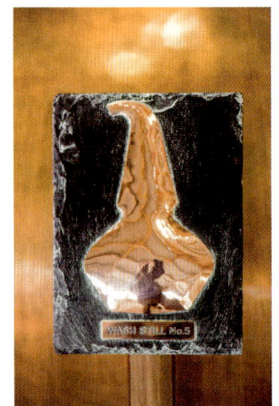

Brennblasen gibt es in vielen Formen und Größen. Jede Brennerei hat ihre eigenen typischen Formen. Dadurch kann jede Destillerie ihre individuelle Spirituose herstellen.

Flanschverbindungen ermöglichen den Austausch von Teilen der Brennblasen aus Kupfer.

REIFUNG

Damit der Whisky einen besonders vollen, gut ausbalancierten und reichen Flavour entwickeln kann, wird der Alkohol gelagert. Lokale und gesetzliche Vorschriften bestimmen, welche Behältnisse benutzt werden müssen oder können, sowie die Mindestdauer der Lagerung.

American Straight Corn darf ausschließlich in ausgekohlten Fässern reifen. Außerdem werden die meisten dieser Fässer in den USA und Kanada nur einmal verwendet.

Schottische Malt-Brennereien hingegen haben die Wahl unter verschiedenen Fässern. Kanadische Whisky- und Sherryfässer sind überall auf dem Markt erhältlich. Oft gehören die Destillen zu einer Holding. Besitzen solche Getränke-Holdings außer schottischen und irischen Brennereien auch spanische Sherry-Kellereien und amerikanische und kanadische Destillen, erleichtert das den Austausch der Fässer. Derzeit wird ein empfindlicher Engpass an Sherryfässern erwartet, weil der Sherry-Absatz zurückgeht.

Ein bestimmer Malt Whisky reift immer in derselben Auswahl an Fässern, denn diese Zusammenstellung wirkt sich geschmacklich erheblich aus. So ist eine Kombination von Fässern verschiedener Sherrysorten, ergänzt mit Fässern von American Bourbon, keine Ausnahme.

Die Nutzung unterschiedlicher Sherryfässer gibt dem Masterblender viele Optionen, aber sobald ein eigener Hausstil entwickelt wurde, bleibt man dabei. Manzanilla, Fino, Amontillado, Palo Cortado, Oloroso und Pedro Ximénez sind Sherrysorten, die dem Whisky jeweils eine eigene Note verleihen. In Schottland werden üblicherweise die Fässertypen Butt (500 Liter), Cask & Hoghead (250 Liter) oder Barrel (180 Liter) verwendet.

Fässer, die zum ersten Mal zur Reifung von Malt Whisky verwendet werden, nennt man first fill oder fresh fill. Als Refill werden die Fässer bezeichnet, die dafür schon zum zweiten Mal zum Einsatz kommen. Ab der dritten Verwendung spricht man von plain oak.

Je nach Fassgröße ändert sich das Verhältnis zwischen Holzoberfläche und Füllung. Das bedeutet, dass derselbe Whisky, der im selben Fasstyp, aber von anderer Größe heranreift, zu einem anderen Produkt wird.

Derzeit ist das breite Angebot an Finishs sehr beliebt. Alle möglichen Arten Fässer werden verwendet, um dem Whisky noch eine zusätzliche Abrundung zu geben. Für einen bestimmten Zeitraum werden Weinfässer aller Art (Portwein, Madeira, Dessertwein) sowie Fässer, in denen andere Spirituosen gereift sind, zur Lagerung von gereiften Malt Whiskys genutzt. Dadurch bekommt das Produkt einen zusätzlichen Flavour oder eine besondere Färbung.

FILTRIEREN UND ABFÜLLEN

Durch den hohen Alkoholgehalt weisen Spirituosen eine Vielzahl gelöster Aromen auf. Beim Abfüllen wird die Flüssigkeit auf die gewünschte und übliche Konzentration von 40 oder 43 % vol. verdünnt. Bei dieser Konzentration und niedriger Temperatur kann es passieren, dass Fettsäuren auskristallisieren und den Whisky trüben. Um das zu vermeiden, wird die Kühlfiltrierung (Klärung) angewendet. Bei dieser Methode wird die Spirituose gekühlt und gefiltert und nicht lösliche Anteile durch mechanisches Filtrieren entfernt. Wie klar eine Spirituose ist, ist beim Handel ein Qualitätsmerkmal. Die Zugabe von

Wichtig beim Abfüllen ist die Prüfung der Reinheit.

Karamell, um dem Produkt eine schönere Färbung zu geben, hat in den meisten Fällen nur geringen Einfluss auf den Geschmack.

In den letzten Jahren hat sich die Tendenz enorm verstärkt, weniger zu filtrieren und das Individuelle des Produkts zu bewahren. Eine Abfüllung bei 46 % vol. umgeht die Kaltfiltrierung, denn die Fuselöle bleiben besser gelöst und das Produkt trübt (bei Zimmertemperatur) nicht ein. Cask-Strength-Abfüllungen (vor allem von unabhängigen Abfüllern) werden meist durch Papierfilter in Flaschen abgefüllt. Solche Produkte können durchaus ziemlich trübe werden, wenn man Wasser hinzugibt (das kommt bei Cask-Strength-Abfüllungen von Brennereien seltener vor). Bei stark gefilterten Produkten ist das natürlich nicht der Fall. Insgesamt spielt hier das Streben nach Diversität und Identität eine große Rolle. Andererseits ist es auch so, dass weniger oder gar kein Filtrieren zu niedrigeren Produktionskosten führt.

Im Unterschied zu Weinregionen, wo charakteristische Flaschentypen einer Region vorgeschrieben sind, wird Whisky in Flaschen aller möglichen Formen und Farben verkauft. Früher übliche Flaschengrößen bestimmter Inhaltsmenge spielen heute keine große Rolle mehr. Eine Abfüllung von unter 40 % vol. darf allerdings nicht als Whisky bezeichnet werden.

Das Etikett mag mit einer Menge Informationen über das Produkt aufwarten, aber es sollte nicht als festes Referenzsystem angesehen werden. Die Regel, dass erlaubt ist, was nicht verboten wurde, gestattet ein breites Spektrum an sehr vagen Beschreibungen auf den Etiketten. Bezeichnungen wie Whisky, Blend, De-luxe blend, pure, Pure Malt, Single Malt, Limited Edition, Daten und Zahlen sowie Angaben zu Finish und Herkunftsland sind allerdings gesetzlich definiert.

Begriffe wie rare, very old oder special reserve und Ähnliches sind hingegen von rein kommerziellem Wert.

DIE BRENNBLASEN

Beim Gedanken an eine Brennerei erscheinen vorm inneren Auge sofort die Brennblasen aus Kupfer. Aber wie sind diese spezifischen Destillierapparate gemacht? Sie mögen zwar in jeder Destille anders aussehen, aber ihre Grundform ist immer gleich und man erkennt sie stets wieder.

Die Firma Forsyths, Coppersmiths and Fabricators (www.forsyths.com) in Rothes im nordschottischen Moray hat eine lange Tradition im Entwickeln und Herstellen von Brennblasen. Zwölf hoch spezialisierte Facharbeiter sind damit beschäftigt, die Hälfte der Brennblasen in Schottland herzustellen und zu warten. Die meisten Mitarbeiter von Forsyths arbeiten jedoch für die pharmazeutische und die Ölindustrie.

Bis in die 1970er-Jahre wurden Brennblasen mit Kohle beheizt. Seither haben die Brennereien auf Dampf umgestellt, der die Brennblase in einer Spirale durchläuft. Nur die Brennblasen von Glenfiddich, Glenfarclas und einige der in Macallan werden nicht mit Dampf erhitzt. Dort erhitzt man die Brennblasen noch auf die alte Art von unten, aber nicht mehr mit Kohle, sondern mit Gas.

Wenn die Flammen direkt in Kontakt mit dem Boden der Brennblase kommen, braucht man für diese Destillierapparate noch immer einen sogenannten Rummager. In der ersten Brennblase befinden sich sechs bis sieben Prozent fester Stoffe (ungelöste Schrot-Rückstände), die sich am heißen Boden des Kessels absetzen. Ein Rummager aus Messingringen, wie bei einem Stahlhemd miteinander verbunden, dreht sich im Kessel über dem Boden, damit sich keine festen Bestandteile absetzen können. Der Rummager dreht sich während des Brennvorgangs einmal pro Minute und wird von einer externen Quelle elektrisch angetrieben.

Eine Brennblase besteht hauptsächlich aus zwei Teilen. In der Unterschale wird die Gärbrühe oder der Rohbrand bis zum Siedepunkt erhitzt; in der Oberschale verflüssigt sich der Wasserdampf und der Alkohol wird vom Wasser getrennt. Der Boden einer Brennblase, die noch von Gasbrennern direkt beheizt wird, ist üblicherweise 16 Millimeter dick. Das Feuer ist sehr heiß, außen sind es 650 °C, während innen der Rummager seine Kreise zieht. Die Seitenwände der kegelförmigen Unterschale sind noch über zehn Millimeter stark. Bei dampfbetriebenen Brennblasen sind sechs Millimeter Bodenstärke ausreichend.

Die Oberschale ist der wichtigste Teil der Brennblase. Dort werden Alkohol und Aromen vom Wasser abgeschieden. Über den gesamten Brennvorgang herrscht ein Temperaturgefälle im Hals des Kessels: die höchste Temperatur unten, die niedrigste (der Siedepunkt von Alkohol) ganz oben. An der Unterseite des Halses kondensiert der Dampf zu einer Flüssigkeit, deren Alkoholanteil höher ist als der des Ausgangsprodukts. Das Kondensat fließt nach unten, wird währenddessen aber vom aufsteigenden Dampf erneut erhitzt und verdampft teilweise selbst wieder. Daraus entsteht ein Dampf mit abermals höherem Alkoholgehalt, während die zurückbleibende Flüssigkeit mehr Wasser enthält. Diese Flüssigkeit rinnt wieder nach unten, und der Dampf steigt im Hals wieder etwas höher. Dieser Vorgang von Kondensieren und Verdampfen wiederholt sich immer etwas weiter oben im Hals. Deshalb ist der Alkohol umso stärker, je höher der Hals der Brennblase reicht, und umgekehrt ist der Wasseranteil umso höher, je kürzer der Hals ist.

Man unterscheidet vier Arten von Brennblasen:

1. Die normale Brennblase wie in Drumguish: Der Hals ist gerade und konisch.
2. Die gedrungene Brennblase wie in Lagavulin: kommt der Form nach einer Birne nahe.
3. Die schmale Brennblase wie in Glenmorangie: mit langem, zylindrischen Hals.
4. Die eingeschnürte Brennblase wie in Glenkinchie: Zwischen dem Deckel der Unterschale und dem Unterteil der Oberschale ist eine markante Einschnürung erkennbar.

Und schließlich gibt es Abwandlungen dieser vier Arten, bei denen eine meist kugelförmige Ausbuchtung zwischen Deckel und Hals den Rückfluss verstärkt. Aufbau und Rückflusskugel schaffen eine Art Zwischenraum, der die rückfließenden Dämpfe gewissermaßen stört, sodass die Trennung besonders stark ausfällt. Beides ermöglicht, einen „reineren" Alkohol zu erhalten, der für leichteren oder flacheren Whisky sorgt. Die „schwereren" Zuckeralkohole haben weniger Aussicht, bis zum oberen Ende des Halses in den Alkoholdampf zu gelangen (in dem sie sich auflösen). Das Kupfer des Brennblasenhalses ist erheblich dünner: vier Millimeter sind mehr als genug für die erste Brennblase und drei Millimeter für die zweite.

Jede Brennerei hat seine eigenen Brennblasen mit einer besonderen Form. Per Computersimulation ist es nun kinderleicht, das Geschehen in der Brennblase zu erklären. Aber das spielt keine große Rolle. Wenn eine Brennblase ersetzt werden muss, wird eine Kopie der alten bestellt, ohne größere Fragen zu stellen.

Warum werden Brennblasen aus Kupfer hergestellt und nicht aus Stahl? Kupfer ist ein besonders geeignetes Metall: Es lässt sich leicht bearbeiten: Ein erfahrener Kupferschmied kann jedes Stück Kupfer in die gewünschte Form bringen. Kupfer ist ein guter Wärmeleiter – wie bei den Kupferpfannen in der Küche –, und schließlich kann Kupfer unerwünschte Schwefelanteile neutralisieren, was sich auf den Whisky geschmacklich positiv auswirkt.

Nach zehn bis fünfzehn Jahren werden die Brennblasen ersetzt und das Kupfer recycelt. Und wer Sponsor werden möchte: Für 50.000 Euro kann man seine eigene Brennblase haben.

Rundlich gedrungene Brennblasen, teilweise oberhalb, teilweise unterhalb des Arbeitsbodens. Die Heizelemente am Boden bestehen aus gewundenen Stahlröhren, in denen der Dampf zirkuliert und Gärbrühe oder Low Wine erhitzt.

Im Kindergarten entdecken
Kinder die Welt der Düfte

Erwachsene wundern sich,
wie spontan Kinder auf Düfte
reagieren und wie gut sie
Gerüche erkennen.

GERUCH UND GESCHMACK

Über intensive Geschmackserfahrungen lässt sich eine Menge sagen. Der Mensch hat fünf Sinnesorgane, mit denen er sehen, hören, fühlen, schmecken und riechen kann. Bewusste wie unbewusste Wahrnehmungen durch unsere Sinnesorgane führen zu Reaktionen und Reflexen in oder mit dem Körper. Unser Sinn für Schmecken, Riechen, Fühlen, Hören und Sehen lässt uns bei schlechten Gerüchen würgen, bei Hitze die Hand wegziehen, blinzeln, wenn etwas zu nahe kommt, erschrecken bei plötzlichen Geräuschen. Kurz gesagt, unsere Sinne sind unsere ständigen Begleiter.

Unsere Sinne bestmöglich einzusetzen, ist eine andere Sache. Allzu oft sind unsere Sinne nicht schnell genug und Unfälle passieren: Wir laufen beispielsweise gegen ein Hindernis, trinken kochend heißen Kaffee oder saure Milch. Das lässt sich mit genauerem Hinsehen verhindern, mit zuerst riechen, genau hinhören oder berühren.

Wie Menschen erste Erfahrungen mit ihren Sinneswahrnehmungen sammeln, ist faszinierend. Babys erkennen Menschen am Geruch und an ihrer Stimme. Schon Wochen nach der Geburt können sie Bewegungen wahrnehmen, wenn auch das wirkliche Erkennen von Menschen länger dauert.

Den nächsten Schritt kennen wir aus der Erziehungstheorie oder Kindergartenpädagogik. Ziele und Prinzipien der Entwicklung bei Schultagen von Kindern sind wichtiger, als man gemeinhin annimmt. Vorschüler haben es Tag für Tag mit Gerüchen und Farben zu tun. Ihre spontane Neugier in diesem Alter ist ein Kapital, um sie auf den bewussten Gebrauch ihrer Sinne vorzubereiten. Erfahrene Lehrer können die Aufmerksamkeit ihrer Kinder sehr leicht gewinnen (siehe die Bilder und Bildzeilen).

Innovative und spielerische Lernprogramme bringen sie mit Geruchsproben in Berührung. Kinder sind spontan neugierig auf die geheimnisvollen Gerüche von Orangen, Kaffee, Gebäck, Brühwürfeln oder Seife. Erstaunlicherweise können fast alle die Gerüche fehlerfrei zuordnen – zum Beispiel Brühwürfel zu Gerichten wie Suppe oder Spaghetti. Bedauerlicherweise gibt die Schulbildung aller Stufen der Entwicklung der Sinneswahrnehmung nicht genügend Raum. Natürlich gibt es Fächer wie Hotelmanagement, wo Kochen und Backen zu den Lehrstoffen gehören und Geschmack und Geruch besonders wichtig sind.

Meist beginnt man aber erst wieder ab einem Alter von zwanzig, sich für Gerüche und Geschmäcker zu interessieren, wenn die Sinnesorgane bereits voll ausgebildet sind. Es wäre besser, wenn wir uns schon in der Kindheit angewöhnen würden, bewusster zu riechen und zu schmecken.

Um Spitzenverkoster zu werden, braucht es eine Menge Praxis und Vorwissen und das tägliche Schmecken von allem, was die kulinarische Welt zu bieten hat. Auch hier lautet die goldene Regel: Weniger ist mehr. Verkosten muss Verkosten bleiben. Man lernt, indem man Bezüge herstellt. Grundlage dafür ist die Fähigkeit, vorurteilslos und objektiv zu vergleichen und einzuschätzen. Aber

Wer sich die Nase abklemmt, schmeckt beim Tasting fast nichts mehr.

wir alle beschreiben andauernd Geschmack und bewerten Qualität. Es ist offenbar eine angenehme Freizeitbeschäftigung, alles immer intensiver zu genießen.

Wenn wir etwas schmecken wollen, neigen wir sogleich dazu, es in den Mund zu nehmen. Ist nicht die Zunge das Organ zum Schmecken? Eigentlich ist die Zunge sogar ein ziemlich mangelhaftes Instrument für eine Geschmacksanalyse. Schmecken beschränkt sich darauf, süß, salzig, sauer und bitter zu unterscheiden. Vor nicht allzu langer Zeit wurden der Liste umami (würzig) und fetthaltig hinzugefügt. Aber es gibt Grenzen. Zum Beispiel kann die Zunge keine Gerüche erkennen.

Beim Verkosten dringen in den Mundraum Aromen, die wir durch die Nase mit der eingeatmeten Luft wieder ausatmen; nur dann können wir riechen, was wir im Mund haben. Anders gesagt: Wir riechen nicht mit der Zunge und wir schmecken nicht mit der Nase. Es ist das Gehirn, das die Eindrücke von Zunge und Nase in Gerüche und Geschmack übersetzt. Man darf behaupten, dass 90 Prozent des Schmeckens eigentlich Riechen ist.

Mit einer Wäscheklammer auf der Nase schmeckt es sich schlecht, und das liefert den eigentlichen Beweis dafür, dass wir mehr mit den Geruchsrezeptoren der Nase schmecken als mit den Geschmacksrezeptoren der Zunge.

Heutzutage gibt es Unterstützung durch Hightech-Equipment. Mit einem „Sniffer" kann man Gerüche analysieren, die Anwendung kann Millionen Gerüche unterscheiden und messen. Eigentlich funktioniert sie nicht viel anders als unsere Sinneswahrnehmung:

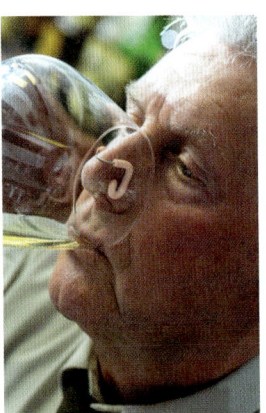

Wir riechen Gerüche und speichern die Information im Gehirn. Dieser letzte Schritt ist besonders schwierig: Es ist leichter, einen Geruch zu identifizieren, als sich an ihn zu erinnern.

Die Nase kann mehrere Tausend Gerüche zuordnen. Am besten erlernt man das durch ein echtes Riechtraining. Das kann man mit anderen oder sogar alleine tun - mithilfe von Geruchsproben, die man kaufen kann oder selbst herstellt.

Wichtig ist zu erkennen, dass nicht alle Aromen unter einer Überschrift zusammengefasst werden können. Jod riecht immer wie Jod, ob es in geringer oder starker Konzentration vorkommt: Es ist immer Jod. Dagegen gibt es kein einzelnes Birnenaroma: Es gibt den Geruch grüner Birnen, reifer Birnen, kandierter Birnen, als Frucht, Bonbon oder Sirup. Es ist immer Birne, aber sehr unterschiedlich, denn ein Geruch trifft auf eine ganze Bandbreite zu, ohne dass sich ein ganz bestimmtes Aroma nennen ließe. Das macht sich der Sniffer zunutze. Wir alle erkennen eine Rose am Geruch, aber der Sniffer kann das Bukett nach drei Molekülarten unterscheiden, von denen keines für sich nach Rose riecht, obwohl die drei zusammen das sehr wohl tun. Funktioniert unsere Nase auch so?

Aber riechen allein genügt nicht. Echte Whisky-Verkostung ist der nächste Schritt. In den letzten dreißig Jahren sind Tausende Whisky-Clubs wie Pilze aus dem Boden geschossen, und alle haben das eine Ziel: Die vielen schmackhaften Abfüllungen zu probieren, die die Whisky-Branche zu bieten hat. Eine besonders wichtige Aufgabe beim Riechen und Schmecken besteht darin, das richtige Fass zur Abfüllung auszuwählen - eine schwierige, aber sehr wichtige Aufgabe.

Bei einer hochkarätigen Verkostung liefern große Ballongläser die besten Ergebnisse.

Wissenschaftliche Forschung und ihre Ergebnisse schön und gut: Die Wirklichkeit sieht doch oft anders aus. Das gilt ganz sicher für die Welt des schottischen Whiskys. Individuelles Wissen, Erfahrung und Gewohnheit sind entscheidend, darunter die ständige Anforderung, sich nach den Resultaten des eigenen Bestands an gereiften Fässern zu richten.

Es gibt keine geschriebenen Gesetze über das richtige Vorgehen beim Verkosten von Spirituosen. Ebenso haben die verschiedenen Brennereien in Schottland ihre jeweiligen Erfahrungen. Das mag verwirrend klingen, aber es zeigt eben auch, wie vielseitig die Welt der Verkoster ist.

Wenn Preise und Medaillen verliehen werden, aber ebenso in Klubs von Enthusiasten, die auf Spaß aus sind, ist es das Vergnügen, das zählt, und man muss ganz auf Reputation und Erfahrung der Teilnehmer, des Kollegiums an Verkostern oder Juroren vertrauen.

Den besten Whisky der Welt zu bestimmen ist ein Ding der Unmöglichkeit. Unterschiedliche Menschen haben unterschiedliche Gewohnheiten und Präferenzen: So haben Asiaten andere Vorlieben bei Geruch und Geschmack entwickelt als die Europäer. Amerikaner haben andere Essgewohnheiten als Afrikaner. Mit anderen Worten: An unterschiedlichen Orten sind unterschiedliche Abfüllungen und Geruchsmuster gefragt, was die erheblichen Widersprüche erklärt, die diese Branche ausmacht. Unser Münder und Nasen sind mit Zellgewebe für Geschmack und Geruch ausgestattet. Die Zellen, die für unsere Wahrnehmung von Geschmack und Geruch zuständig sind, nennen wir sensorische Neuronen. Für Geruch sind die Riechzellen unter der Schleimhaut zuständig. Die Geschmacksrezeptoren liegen im Gewebe der Geschmacksknospen. Diese Zellen sind verbunden mit Nervenzellen, die gebündelt und mit dem Gehirn verbunden sind. Wenn wir Geruch oder Geschmack wahrnehmen, melden die sensorischen Neuronen diese Wahrnehmung über das Nervensystem ans Gehirn, das die festgestellten Gerüche und Geschmäcker analysiert. Dieser Vorgang von Wahrnehmen und Benennen basiert vor allem auf Erfahrung und Praxis (die Fachsprache spricht vom olfaktorischen Arbeitsspeicher).

Wie geht man am besten vor? Zuallererst ist die Wahl des Glases von großer Bedeutung, und das ist wiederum eine kontroverse Angelegenheit.

Ein angenehmer Test für unsere persönliche Vorliebe ist höchst einfach: Man serviert einen bestimmten Malt mit eigenem Charakter in fünf verschiedenen Gläsern: Tulpenglas, Weinglas, Sherry-, Portwein- und Ballonglas. Riechen Sie an den Gläsern und treffen Sie Ihre Wahl. Im Allgemeinen eignen sich Ballongläser am besten und geben die meisten Aromen ab.

„Weniger ist mehr": Je geringer die Menge Whisky, die beim Tasting aufgenommen wird (höchstens zwei Tropfen), desto mehr Aromen kann man erschmecken.

Da Geschmacks- und Geruchsnerven Hand in Hand arbeiten, ist es nicht übertrieben, die Ballongläser beim Tasting großzügig zu füllen, um die Aromen gut erfassen zu können.

Die beste Vorgehensweise beim Tasting ist es, ein paar Tropfen Whisky auf die Zunge zu nehmen und für 10 bis 15 Sekunden zerfließen zu lassen. Durch den Speichel wird der Whisky weicher. Manchmal wirkt es Wunder, beim Vorgang des Unterscheidens und Analysierens die Aromen gelegentlich in der Nase aufsteigen zu lassen. Manche geben zum Whisky ein wenig Wasser, wodurch sich Flavours und Aromen besser entfalten können. Andere tun das gerade nicht. In der Tat verkostet man andere Spirituosen wie Cognac oder Calvados auch nicht, indem man Wasser hinzugibt.

Die Zugabe von Wasser bringt bestimmte Aromen zur Entfaltung, aber andere gehen dadurch verloren. Whisky-Tasting ist eine sehr persönliche Angelegenheit. Daher empfiehlt es sich, sein eigenes Verfahren zu entwickeln, so wie man die Produkte als besonders geschmacksreich und angenehm empfindet.

Auf jeden Fall kann es nicht schaden, die Flüssigkeit nach dem Eingießen ein paar Minuten ruhen zu lassen, damit sich erste flüchtige Alkoholdünste verziehen und die Aromen sich entfalten können. Für Single Malt Whisky empfiehlt sich, wie beim Wein, das Servieren bei Zimmertemperatur. Eines ist dabei absolut sicher: Whisky-Tasting ist und bleibt eine unendliche Geschichte. Jede neue Abfüllung ist ein neues Erlebnis.

WHISKY ALS INVESTMENT

Sobald Geld ins Spiel kommt, wird jede Angelegenheit und jedes Thema sensibler. Whisky als Investment bildet da keine Ausnahme.

Die Bankenkrise, schwindendes Vertrauen in Versicherungen, schlecht Geschäfte, zweifelhafte Angebote über Onlineshops und Ähnliches haben Verbraucher skeptischer und anspruchsvoller werden lassen. Heutzutage investiert man nur noch in sichere Geschäfte, die Stabilität und Gewinn versprechen.

Seit einigen Jahren ist die Whisky-Szene im Aufwind: Mit immer mehr Whisky wird gehandelt, bei steigenden Preisen in den letzten fünfzehn Jahren und einer jährlichen Wachstumsrate von sechs Prozent. Das Geschäft mit Spirituosen liegt in den Händen großer Konzerne, mit breiten und diversifizierten Produktpaletten. Das bedeutet, dass Investment in Whisky heute kein spekulatives Geschäft mehr ist, sondern ein Markt, der auf zuversichtliche Investoren zählen kann. Daher ist es nicht abwegig, wenn Menschen in Whisky investieren, vor allem ins Highend-Segment exklusiver und Malt Whiskys.

Diese Form des Investments mag klein starten, aber wir sehen, wie es sich zu einer globalen Angelegenheit mit internationalen Investoren

entwickelt. Kleininvestoren starten mit dem Sammeln exklusiver Abfüllungen und Fässer. Im größeren Stil investieren Menschen in Anteile an Brennereien oder Großhändlern, und noch größere Investoren investieren in neue Destillerien. Was Kleininvestoren eher als ein Spiel begreifen, ist für andere ernsthaftes Streben nach dem großen Profit. Alles hängt von den finanziellen Möglichkeiten des jeweiligen Investors ab. Aber das alles ist nicht ohne Risiko: Man muss wissen, wo man investiert, und man braucht die nötigen Kenntnisse, um zu entscheiden und tätig zu werden, wenn man es nicht Mittelsleuten überlassen will, die über das nötige Know-how verfügen.

Bei kleineren Investments in exklusive Abfüllungen ist das Risiko gering, wenn man ein wenig Grundwissen über die jeweiligen Produkte mitbringt. Will man in Flaschen oder Fässer investieren? In frische Ware, die noch reifen muss, oder in alte Fässer, deren Inhalt noch abgefüllt werden muss?

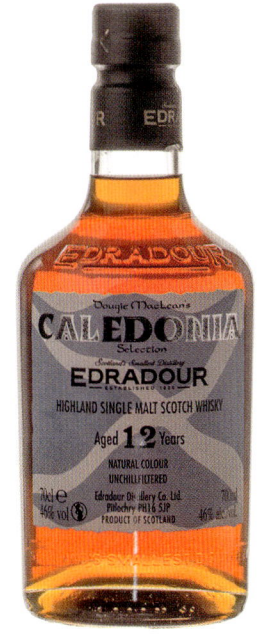

Fürs Investment in Fässer braucht es nicht nur Fachwissen, sondern auch den Zugang zu den richtigen Leuten, um mit dem Produzenten über das richtige Produkt verhandeln zu können. Man muss das Vertrauen der richtigen Experten gewinnen, die ein Training in Tasting und Evaluation ermöglichen. Die Erfahrung zeigt, dass auch in dieser Branche mit Luftschlössern gehandelt wird, weshalb es hier ebenfalls ratsam ist, gut überlegt die richtigen Aktionen zu tätigen.

Bei kleinem Budget lässt sich in eine kleine Anzahl Flaschen investieren. Der große Vorteil bei Spirituosen ist ihre Beständigkeit: Whisky bewahrt seine Qualität mühelos. Flaschenabfüllungen halten ihre Qualität, wenn sie in einem dunklen Raum ohne zu große Temperaturschwankungen aufrecht gelagert werden (trockener Korken).

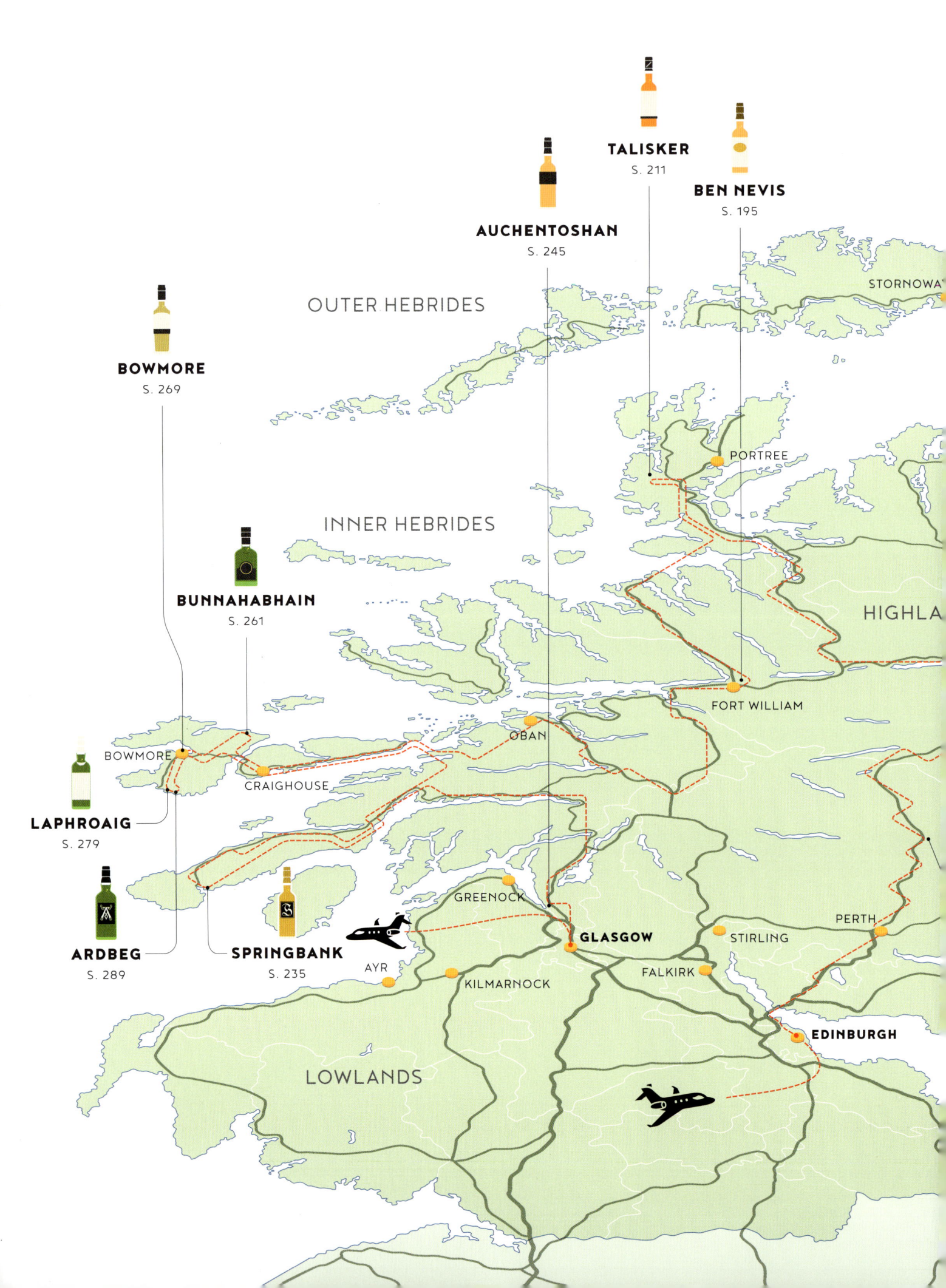

DER WEG DES WHISKYS

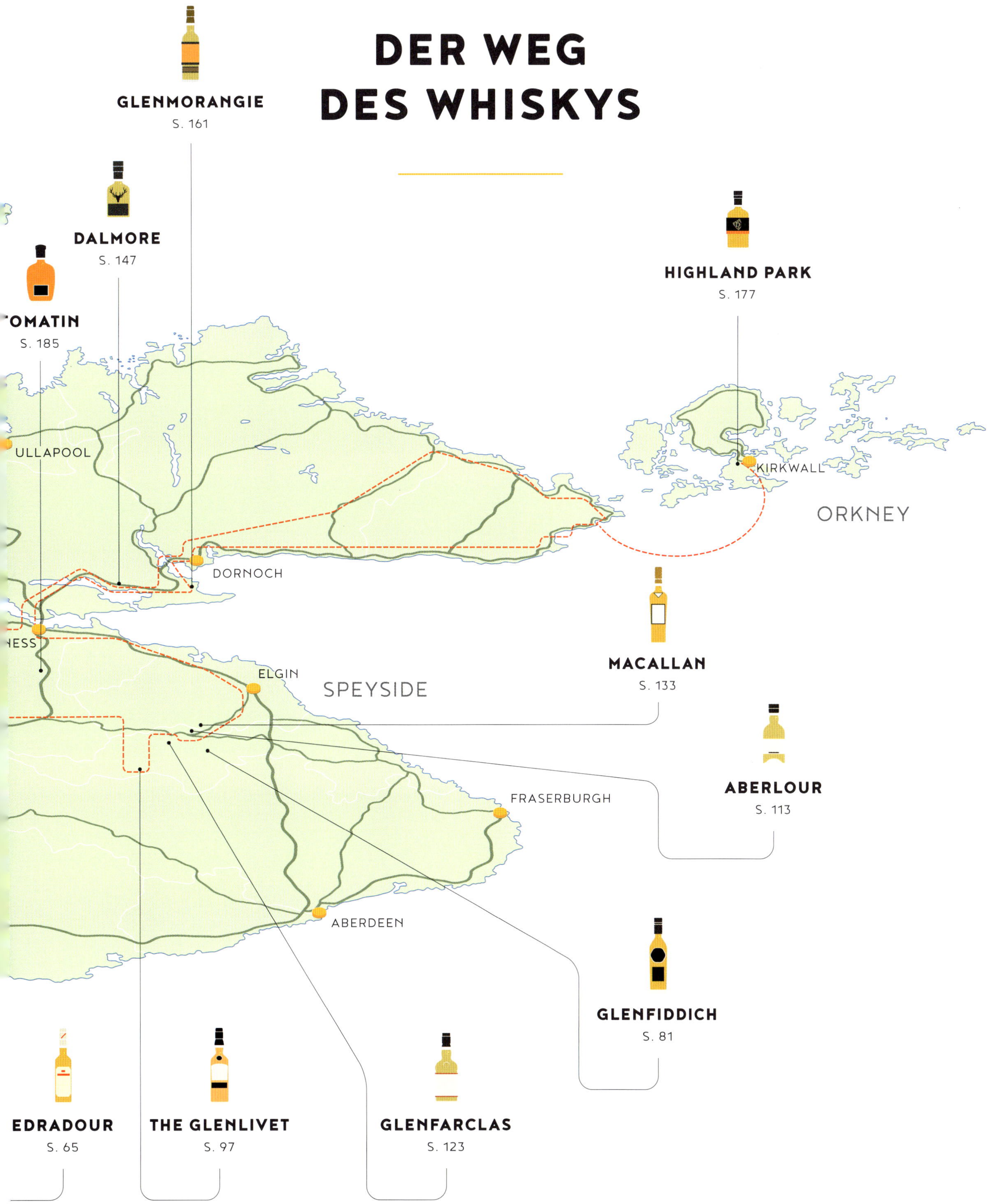

- GLENMORANGIE — S. 161
- DALMORE — S. 147
- TOMATIN — S. 185
- HIGHLAND PARK — S. 177
- MACALLAN — S. 133
- ABERLOUR — S. 113
- GLENFIDDICH — S. 81
- EDRADOUR — S. 65
- THE GLENLIVET — S. 97
- GLENFARCLAS — S. 123

ULLAPOOL · DORNOCH · INVERNESS · ELGIN · SPEYSIDE · FRASERBURGH · ABERDEEN · KIRKWALL · ORKNEY

SINGLE MALT WHISKY BRENNEREIEN IN SCHOTTLAND

	BRENNEREI	ORT	REGION	INHABER
1	Aberfeldy	Aberfeldy Perth	Highland	Bacardi
2	**Aberlour**	**Charlestown of Aberlour**	**Speyside**	**Pernod Ricard**
3	Abhainn Dearg	Isle of Lewis	Islands	independent
4	Ailsa Bay	Girvan Ayrshire	Lowland	William Grant & Sons
5	Allt a' Bhainne	Glenrinnes	Highland	Pernod Ricard
6	Annandale	Annan	Lowland	Annandale distillery Compagny Limited
7	Arbikie	Inverkeilor	Highland	Arbikie Distilling
8	**Ardbeg**	**Port Ellen**	**Islay**	**LVMH**
9	Ardmore	Kennethmont	Highland	Beam Suntory
10	Ardnamurchan	Ardnamurchan	Highland	Adelphi Whisky
11	Arran	Lochranza Arran	Islands	Isle of Arran Distillers Ltd
12	**Auchentoshan**	**Dalmuir**	**Lowland**	**Beam – Morrison Bowmore Dist. – Suntory**
13	Auchroisk	Mulben	Speyside	Diageo
14	Aultmore	Banffshire	Speyside	Bacardi
15	Balblair	Edderton	Highland	ThaiBev
16	Balmenach	Cromdale	Speyside	ThaiBev
17	Balvenie	Dufftown	Speyside	William Grant & Sons
18	**Ben Nevis**	**Fort William**	**Highland**	**Nikka – Ben Nevis Distillery Ltd**
19	BenRiach	Morayshire	Speyside	BenRiach Distillery Company
20	Benrinnes	Banffshire	Speyside	Bacardi
21	Benromach	Forres	Speyside	Gordon & MacPhail
22	Bladnoch	Wigtown	Lowland	David Prior
23	Blair Athol	Pitlochry	Highland	Diageo
24	**Bowmore**	**Bowmore**	**Islay**	**Beam – Morrison Bowmore Dist. – Suntory**
25	Brackla	Nairn	Highland	Bacardi
26	Braeval	Ballindalloch	Speyside	Pernod Ricard
27	Bruichladdich	Bruichladdich	Islay	Rémy Cointreau
28	**Bunnahabhain**	**Port Askaig**	**Islay**	**Burn Stewart Distillers**
29	Caol Ila	Port Askaigy	Islay	Diageo
30	Cardhu	Knockando	Speyside	Diageo
31	Clynelish	Brora	Highland	Diageo

	BRENNEREI	ORT	REGION	INHABER
32	Cragganmore	Ballindalloch	Speyside	Diageo
33	Craigellachie	Craigellachie	Speyside	Bacardi
34	Daftmill	Fife	Lowland	independent
35	Dailuaine	Aberlour	Speyside	Diageo
36	**Dalmore**	**Alness**	**Highland**	**Alliance Global Group**
37	Dalwhinnie	Dalwhinnie	Highland	Diageo
38	Deanston	Doune	Highland	Burn Stewart
39	Drimnin	Drimnin	Highland	Drimnin Distillery Limited
40	Dufftown	Banffshire	Speyside	Diageo
41	Eden Mill	St Andrews	Lowland	Eden Mill Distillers
42	Edradour	Pitlochry	Highland	Signatory Vintage Scotch Whisky Company
43	Fettercairn	Laurencekirk	Highland	Alliance Global Group
44	Gartbreck	Bowmore	Islay	Gartbreck Distillery Company
45	Glenallachie	Banffshire	Speyside	Pernod Ricard
46	Glenburgie	Morayshire	Speyside	Pernod Ricard
47	Glencadam	Angus	Highland	Angus Dundee Distiller
48	Glen Deveron	Banff	Speyside	Bacardi
49	Glendronach	Forgue	Highland	BenRiach Distillery Company
50	Glendullan	Keith	Speyside	Diageo
51	Glen Elgin	Morayshire	Speyside	Diageo
52	**Glenfarclas**	**Ballindalloch**	**Speyside**	**J. & G. Grant**
53	**Glenfiddich**	**Dufftown**	**Speyside**	**William Grant & Sons**
54	Glen Garioch	Oldmeldrum	Highland	Beam Suntory
55	Glenglassaugh	Portsoy	Highland	BenRiach Distillery Company
56	Glengoyne	Dumgoyne	Highland	Ian MacLeod Distillers
57	Glen Grant	Rothes	Speyside	Campari
58	Glengyle	Campbeltown	Campbeltown	Mitchell's Glengyle Ltd
59	Glen Keith	Keith	Speyside	Pernod Ricard
60	Glenkinchie	Pencaitland	Lowland	Diageo
61	**Glenlivet (The)**	**Ballindalloch**	**Speyside**	**Pernod Ricard**
62	Glenlossie	Elgin	Speyside	Diageo
63	**Glenmorangie**	**Tain**	**Highland**	**LVMH**
64	Glen Moray	Elgin	Speyside	La Martiniquase
65	Glen Ord	Muir of Ord	Highland	Diageo
66	Glenrothes	Rothes	Speyside	Berry Brothers & Rudd
67	Glen Scotia	Campbeltown	Campbeltown	Loch Lomond Group
68	Glen Spey	Rothes	Speyside	Diageo
69	Glentauchers	Mulben	Speyside	Pernod Ricard
70	Glenturret	Crieff	Highland	Highland Distillers
71	**Highland Park**	**Kirkwal Orkney**	**Islands**	**Edrington Group / Highland Distillers plc**

	BRENNEREI	ORT	REGION	INHABER
72	Inchgower	Buckie	Speyside	Diageo
73	Isle of Jura	Jura	Islands	Alliance Global Group
74	Kilchoman	Kilchoman	Islay	independent
75	Kingsbarn	St Andrews	Lowland	Wemyss
76	Kininvie	Dufftown	Speyside	William Grant & Sons
77	Knockando	Knockando	Speyside	Diageo
78	Knockdu	Huntly	Speyside	ThaiBev
79	Lagavulin	Port Ellen	Islay	Diageo
80	**Laphroaig**	**Port Ellen**	**Islay**	**Beam Suntory**
81	Linkwood	Elgin	Speyside	Diageo
82	Loch Ewe	Aultbea	Highland	Loch Ewe Distillers
83	Loch Lomond	Alexandria	Highland	Loch Lomond Group
84	Lochnagar	Ballater	Highland	Diageo
85	Longmorn	Elgin	Speyside	Pernod Ricard
86	**Macallan**	**Craigelachie**	**Speyside**	**Edrington**
87	Macduff	Banff	Speyside	Bacardi
88	Mannochmore	Elgin	Speyside	Diageo
89	Miltonduff	Elgin	Speyside	Pernod Ricard
90	Mortlach	Dufftown	Speyside	Diageo
91	Oban	Oban	Highland	Diageo
92	Pulteney	Wick	Highland	ThaiBev
93	Roseisle	Roseisle	Speyside	Diageo
94	Scapa	Kirkwall Orkney	Islands	Pernod Ricard
95	Speyburn	Rothes	Speyside	ThaiBev
96	Speyside	Drumguish	Speyside	Speyside Distillery Company
97	**Springbank**	**Campbeltown**	**Campbeltown**	**J. & A. Mitchell**
98	Strathearn	Methven	Highland	independent
99	Strathisla	Keith	Speyside	Pernod Ricard
100	Strathmill	Keith	Speyside	Diageo
101	**Talisker**	**Carbost Skye**	**Islands**	**Diageo**
102	Tamdhu	Knockando	Speyside	Ian MacLeod Distillers
103	Tamnavulin	Tomnavoulin	Speyside	Alliance Global Group
104	Teaninich	Alness	Highland	Diageo
105	Tobermory	Tobermory Mull	Islands	Burn Stewart
106	Tomatin	Tomatin	Highland	Takara Shuzo
107	Tomintoul	Ballindalloch	Speyside	Angus Dundee Distiller
108	Tormore	Grantown-on-Spey	Speyside	Pernod Ricard
109	Tullibardine	Blackford	Highland	Picard Vins & Spirits
110	Wolfburn	Thurso	Highland	independent

SCHOTTLAND – EIN KUCHEN VOLLER ROSINEN

Wann immer man über Whisky spricht, Whisky probiert oder auch nur eine Flasche Whisky in der Hand hat – unweigerlich denkt man verträumt an das geheimnisvolle Schottland. Es ist wie mit Weinanbaugebieten und Weinbergen, die Vorstellungskraft verstärkt sich, sobald wir an Whisky denken.

In einer Symbiose mit Schottlands reicher Natur sind die Brennereien wie Rosinen in einem Kuchen, meist umgeben von Tälern (glens), Seen (lochs), Bergen (bens) und Flüssen. Ganz unerwartet tauchen sie in einer lieblichen hügeligen Landschaft auf oder verstecken sich in verlassenen, rauen Gegenden – oder sie überraschen in geschützten Buchten entlang der schroffen Küste mit ihren fantastischen Kliffs.

Eine Anzahl Brennereien befindet sich auf einigen der achthundert schottischen Inseln. Glücklicherweise lassen sich diese Inseln mit dem Schiff leicht erreichen.

Die Heimat des Whiskys kann man auf alle möglichen Arten bereisen. Für manche sind organisierte Touren besser, andere kümmern sich lieber selbst ums Planen und Organisieren. Als Urlaubsziel ist Schottland gut erreichbar. Wer mit dem Auto kommt, kann entweder die kurze Fährverbindung Dover-Calais nutzen und dann quer durch England nach Norden fahren, oder mit einer der Nachtfähren (von Zeebrügge oder Rotterdam nach Hull in Mittelengland oder vom niederländischen Ijmuiden nach Newcastle in Nordengland) übersetzen. Per Flugzeug geht es von Brüssel, Charleroi oder Amsterdam nach Edinburgh, Glasgow, Aberdeen oder Inverness. Alle diese Flughäfen sind ein guter Ausgangspunkt für einen Schottland-Urlaub und überall kann man einen Leihwagen mieten. Wer sich unsicher ist wegen des Linksverkehrs, sollte sich keine allzu großen Sorgen deswegen machen. Ein Navi und ein Automatikwagen sind eine große Hilfe.

Dieses Buch stellt ausnahmslos Brennereien vor, die Whiskys der Meisterklasse herstellen und damit zur derzeit enormen Popularität des Malt Whiskys beitragen. Es empfiehlt sich, die Übernachtungen in den zahlreichen Hotels oder Bed-&-Breakfast-Pensionen vorab zu buchen. Zur Hauptsaison kann ziemlich viel los sein, buchen Sie also früh genug. Unsere Whisky-Route beginnt bei Pitlochry am Fluss Tummel, dessen Unbändigkeit ideal ist für

Die Gewinnung grüner Energie durch Wasserkraft macht es den Lachsen unmöglich, gegen die Strömung in Schottlands höher gelegene Flüsse und Seen zu gelangen. Fischleitern oder Lachstreppen sichern daher die Lachsbestände.

die Stromerzeugung. Da der Damm bei Pitlochry andernfalls ein unüberwindbares Hindernis für die Lachse darstellen würde, wenn sie zum Laichen an ihren Geburtsort zurückkehren, wurde gleich neben dem Damm eine Fischleiter gebaut. Sie besteht aus mehreren Wasserbecken hintereinander, eins jeweils 50 Zentimeter höher liegend als das vorherige, die über eine Röhre miteinander verbunden sind. Durch die Röhre fließt das Wasser nach unten und füllt alle Becken. Über die Fischleiter kann der Lachs gegen die Strömung flussaufwärts schwimmen, um zum Laichen zu den höher gelegenen Seen und Flüssen zu gelangen. Das ist unverzichtbar, um die Lachsbestände zu erhalten. Die Leiter besteht aus 34 einzelnen Becken und ist 310 Meter lang. Im Besucherzentrum wird die Reise der Lachse eingehend erklärt.

Durch Schottlands malerische Landschaft verlaufen Eisenbahnlinien von einem pittoresken kleinen Bahnhof zum nächsten.

1
EDRADOUR

THE EDRADOUR DISTILLERY

90.000 Liter pro Jahr

1 Wash Still, 1 Spirit Still

Pitlochry – Perthshire PH16 5JP

Besucherzentrum 0044 (0)1796472095

www.edradour.com

info@edradour.com

Highland Single Malt

Ben Vrackie Springs

Inhaber: Signatory Vintage Scotch Whisky – Andrew Symington

Pitlochry hat seine eigene Brennerei, Edradour Destillery. Der Name Edradour kommt von *Edred dobhar:* König Edreds Fluss.

Wegen der Größe seiner Maische- und Bierbottiche gilt diese Brennerei als die kleinste in Schottland, dabei gibt es Hinterhofdestillerien, die weniger, wenn auch nicht kommerziell produzieren.

Die Zeit bleibt nicht stehen. Durch Übernahmen und eine verbesserte Verkaufsstrategie – darunter von Pernod Ricard – gelangte Edradour Single Malt seit Mitte der Achtzigerjahre in die Regale diverser Supermärkte. Sein leicht milchiger Charakter und die starke Sherrynote kam bei vielen Whisky-Liebhabern gut an, und diesen Stil konnte der derzeitige Inhaber, Signatory Vintage Scotch Whisky, bewahren. Mit der Übernahme wurde die vorhandene Produktionsstätte um eine moderne Abfüllanlage erweitert. Inzwischen gibt es Pläne für eine zweite Destillerie. Ebenso groß – oder klein – wie die bestehende, soll die zweite Brennerei gleich daneben entstehen und die Kapazität verdoppeln. Die neue Brennerei soll einen getorften Whisky herstellen.

So malerisch gelegen und gut erreichbar ist die Brennerei, dass sie bei Schottland-Touristen sehr beliebt ist. Dass man das Gefühl hat, eine Brennerei in Familienbesitz zu besuchen, trägt zur Attraktivität bei.

Noch dazu wird jeder Besucher freundlich willkommen geheißen und auf anregende Weise an Malt Whisky herangeführt.

Das Besucherzentrum mit Tasting Room und Verkaufsraum lässt keine Wünsche offen. Wegen des Inhabers, Signatory Vintage Scotch Whisky, ist die Produktpalette besonders breit und die hiesige Erfahrung bei der Auswahl der Fässer und beim Fällen richtiger Entscheidungen wird die Abfüllungen aus Edradour zweifellos noch wertvoller machen. Signature hat zudem Erfahrung bei der Auswahl gebrauchter Fässer: alte Sherry- oder Weinfässer sowie Fässer, in denen einst Dessertweine gelagert wurden.

Wegen seiner kleinen Maischebottiche und dem geringen Produktionsvolumen gilt die Edradour Distillery noch immer als die kleinste in Schottland (oben rechts).

ABFÜLLUNGEN

Der Gründer der familiengeführten Signature Vintage (1988) ist Andrew Symington. Zu 100 Prozent in Familienhand und als eine der wirklich unabhängigen Brennereien in Schottland haben Andrew und seine Frau die Etiketten in den ersten Jahren persönlich nummeriert.
Die Idee war zuerst, die Etiketten von einer prominenten Persönlichkeit signieren zu lassen. Aber dann wurde das erste Fass, ein Glenlivet 1968, verkauft, bevor jemand Geeignetes gefunden war ...
Seither blieb es beim Begriff Signatory. Um die Exklusivität der Abfüllungen zu unterstreichen, werden Zeitpunkt von Destillation, Abfüllung sowie Fass- und Flaschennummer auf dem Etikett angegeben.

Der gesamte Produktionsablauf lässt sich auf vergleichsweise kleinem Raum kennenlernen.

ZEITLEISTE

1825 Gründung durch ortsansässige Farmer
1841 John McGlashan & Co
1886 William Whitely & Co
1982 Campbell Distillers – Pernod Ricard
2002 Andrew Symington, Signatory Vintage Scotch Whisky

ABFÜLLUNGEN

Signatory Vintage Scotch Whisky hat so viele verschiedene Abfüllungen, dass sie unmöglich alle aufgelistet werden können. Alle Produkte sind limitierte Editionen. Reihen wie die Signatory Cask Collection stehen hoch im Ansehen bei Whisky-Liebhabern.

Mehrere Finishings aus Wein- und Sherryfässern werden regelmäßig auf den Markt gebracht. Besonders zu erwähnen sind Caledonia, der klassische 10 Jahre alte Ballechin sowie die Reihe Straight from the Cask.

Der berühmte „Black Bowmore", eins der Meisterstücke im Angebot des „Signatory Vintage Scotch Whisky Shop".

Im einem Depot lagern nebeneinander Edradour Single Malt Whisky und Produkte andere Brennereien, die *Signatory Vintage Scotch* Whisky ankauft.

Außer der Edradour Distillery kann man in Pitlochry noch eine weitere Brennerei besuchen: die Blair Athol Distillery mitten in der Stadt. Auch hier wird man gut empfangen, erhält eine informative Führung und hat eine angenehme Zeit.

Ein paar Kilometer hinter Pitlochry, wenn man auf der A 9 Richtung Inverness fährt, geht eine Straße nach Blair Atholl ab. An diesem Abzweig kommt man an den Falls of Bruar vorbei, ein Wasserfall in einer wunderschönen Waldgegend. Bruar hat eins der am schönsten gelegenen Einkaufszentren in ganz Schottland.

Auf der Straße nach Blair Atholl geht es in wenigen Minuten zum Schloss. Als einziges Schloss in Schottland verfügt Blair Castle noch über eine eigene Privatarmee, gebildet aus Lokalbeamten und Dorfbewohnern – eine Tradition, die erhalten werden soll. Wegen der großartigen Sammlungen an Waffen, Porzellan, Gemälden und Jagdtrophäen ist Blair Castle das reinste Museum.

Auf einer kurvenreichen Straße durch die Wälder kommt man nur ein paar Kilometer von Pitlochry entfernt nach Queens View. Von dort hat man einen spektakulären Ausblick auf Loch Tummel. An klaren Tagen kann man die Berge der Westküste bei Clencoe erkennen. Die Alternative für Naturliebhaber ist Killiecrankie Pass: ein forscher Gang von Killcrankie am Fluss entlang über Tilt Bridge zur Staumauer von Pitlochry.

Killiecrankie verfügt über einen Coffeeshop, viel Natur und schöne Wanderwege.

Blair Castle inmitten des wunderschönen Parks und uralten Bäumen. Jedes Jahr treffen sich in der großen Halle die „Keepers of the Quaich", eine exklusive Whisky-Vereinigung.

Entlang des markierten Wanderwegs gibt es viele Rastplätze. Im Sommer können Stechmücken den Spaß verderben.

In Schottland kann es jederzeit Sturm geben. Immer wieder liegt ein Tief über dem Norden des Landes. Große, robuste Stromtrassen bringen den Strom über die Highlands in diesen Teil Schottlands und werden doch gelegentlich vom Sturm beschädigt.

Queens View liegt eine halbe Autostunde von Pitlochry entfernt. Der See wurde nicht wie meist vermutet nach Queen Victoria benannt, sondern nach Isabella, Frau des schottischen Königs Robert I. Bruce. Der Blick über Loch Tummel ist grandios.

2
GLENFIDDICH

THE GLENFIDDICH DISTILLERY
10 Millionen Liter pro Jahr
11 Wash Stills, 18 Spirit Stills

Dufftown, Banffshire AB55 4DH
Besucherzentrum 0044 (0)1340 820373
www.glenfiddich.com
glenfiddichbooking@wgrant.com
Speyside Single Malt
Robbie Dhu Spring
Inhaber: William Grant & Sons Ltd.

Mit den Eindrücken aus Pitlochry fahren wir in Richtung Speyside. Aber zum Träumen bleibt keine Zeit, denn auf den Landstraßen A 924 und A 93 direkt durch den Cairngorms Nationalpark erreichen wir schon die nächste Gegend von ausnehmender Naturschönheit. In dieser Gebirgsregion gibt es hervorragende Skigebiete, geschätzt von Städtern und Touristen, und man glaubt sich in den Schweizer oder österreichischen Alpen. Mit der nötigen Ausrüstung für Bergsport, die man überall bekommen kann, lässt sich ein Skiurlaub problemlos mit dem Besuch einiger Whisky-Brennereien verbinden. Auf dieser Route liegt Balmoral Castle, Landsitz der britischen Königsfamilie in den schottischen Highlands. Wenn gerade niemand aus der Familie sich hier aufhält, kann man einen kleinen Teil des Schlosses besichtigen.

Mich bezaubern Herbst und Frühling am meisten. Dann gibt es weniger Stechmücken, die man auch als „Schrecken der schottischen Highlands" bezeichnet. Die Gegend ist bezaubernd, und wenn das Grün weniger üppig ist als im Hochsommer, kann man in Tälern und Schluchten viel mehr Tiere beobachten. Wildbeobachtung ist eine der wunderbarsten Zeitvertreibe in Schottland. Der Nationalpark ist ein wichtiges Nistgebiet der berühmten Moorhühner, eine begehrte Jagdtrophäe. Außerdem kann man Adler beobachten und viele andere Greifvögel, aber am beeindruckendsten sind die Wildherden. Die Aggressivität eines Bocks in der Brunftzeit sollte man nie unterschätzen. Bei Wanderungen empfiehlt sich Vorsicht.

GLENFIDDICH DISTILLERY

Das Markenzeichen der Brennerei Glenfiddich ist das Hirschgeweih. Glenfiddich bedeutet Tal der Hirsche. Die Brennerei liegt ein paar Kilometer entfernt vom Dorf Dufftown am Fluss Fiddich. Verglichen mit einer „Farm Distillery" mit einer Jahresproduktion von 900 Hektolitern ist Glenfiddich mit seinen jährlich 100.000 Hektolitern ein Riese. Dabei wirkt sich der Größenunterschied nicht auf den Herstellungsprozess aus, denn der bleibt derselbe.

William Grant, seine sieben Söhne und zwei Töchter haben Glenfiddich Distillery eigenhändig aufgebaut. Grundsteinlegung war 1886, und ein Jahr später, zu Weihnachten 1887 verließ der erste Geist die Brennblase. Auf die ein oder andere Weise haben mehrere Abkömmlinge der Familie Grant zum Wachstum der Brennerei beigetragen. Im Unterschied zu den meisten anderen Brennereien, die fast alle zu Joint Ventures wurden, blieb Glenfiddich immer in Familienhand. Als Teil einer weltweiten Holding ist Markenpflege und Vertrieb sehr viel billiger und einfacher. Aber offenbar hatte Glenfiddich das nicht nötig, denn seit der Einführung der dreieckigen Flasche, 1961 von Hans Schleger entworfen, und einer Werbekampagne für den Glenfiddich Single Malt 1963 boomt das Geschäft. Derzeit ist Glenfiddich der meistverkaufte Single Malt überhaupt. Außerdem haben die Abfüllungen von Glenfiddich mehr Preise eingeheimst als alle anderen Whiskys weltweit. Schon auf dem Besucherparkplatz ist unübersehbar, dass man sich auf große Besuchermengen eingestellt hat.

Die Führungen sind professionell und stellen sich auf Wissen, Vorlieben und Wünsche ein. Die schiere Größe der Anlage erlaubt es, große Mengen an Besuchergruppen bequem herumzuführen. Restaurant und Verkauf sind so gut wie der Tasting Room und die eigentliche Brennerei.

Das angelieferte Malz wird in der Brennerei zu Schrot vermahlen. In riesigen Maischebottichen

Überall in Glenfiddich stößt man auf das Hirschgeweih. Übersetzt bedeutet Glenfiddich Tal der Hirsche.

wird das Schrot traditionell in drei Schritten eingeweicht. Dann pumpt man die Maische in die Gärbottiche. Unter Beigabe von Hefe gärt der Malzschrot zum alkoholhaltigen Bier, das dann in die riesige Brennhalle mit ihren 29 Wash- und Spirit-Brennblasen gepumpt wird.

In diesen Brennblasen wird aus dem Bier höherprozentiger Alkohol. Bei der ersten Destillation in den Wash Stills werden der Gärbrühe alle trinkbaren und nicht trinkbaren Alkohole entzogen. Das Ergebnis wird low wine genannt. Diese low wines werden in den Spirit Stills abermals destilliert. Bei diesem Vorgang wird der trinkbare vom nicht trinkbaren Alkohol getrennt. Der gewonnene trinkbare Alkohol wird mit Wasser auf 63,5 % vol. verdünnt und in Fässer abgefüllt.

Eine Spezialität von Glenfiddich ist die Solera Reserve. Glenfiddich Single Malt, gereift in Bourbon- und Sherryfässern, wird sorgfältig ausgewählt und in einer „Hochzeit" in größeren Fässern von über 30.000 Litern abgefüllt. Im Unterschied zum Solera-Verfahren beim Sherry sorgt man in Glenfiddich dafür, dass das Fass stets nur halb voll ist, um aus anderen Fässern weiteren Whisky zuzufüllen. Nach der Hochzeit wird wieder bis zur Hälfte zur weiteren Reifung in Sherryfässer

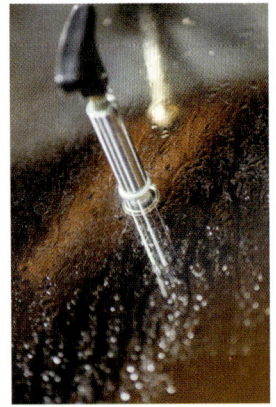

In mehreren Spülungen mit heißem Wasser wird der Zucker aus der Maische entfernt.

Die großen Gärbottiche strahlen vollkommene Ruhe aus, während in ihnen die Gärung voll im Gange ist.

Die großen Gärbottiche strahlen vollkommene Ruhe aus, während in ihnen die Gärung voll im Gange ist.

Die unterschiedliche Form der Brennblasen von Glenfiddich führt im Ergebnis zu kleinen Abweichungen, aber am Ende wird alles zusammengemischt.

abgefüllt. Dieser Vorgang wird wiederholt. Die hauseigene Böttcherei (Joint Venture) ermöglicht der Brennerei, eigene Fässer zu bauen und zu reparieren. Als Besonderheit in der Welt des Whiskys verfügt Glenfiddich über eine eigene Abfüllanlage. In Glenfiddich wird dasselbe Wasser, das bei der Produktion verwendet wurde, zum Verdünnen des Whiskys verwendet. Wenn Whisky zu einer Abfüllanlage transportiert werden muss, beispielsweise von den Highlands nach Glasgow, wird immer lokal vorkommendes Wasser verwendet, um auf die gewünschte Konzentration zu verdünnen.

Der 21 Jahre alte Glenfiddich darf ein zusätzliches Mal in Rumfässern reifen. Das führte in der Vergangenheit zu einigem Hin und Her, denn mit der Verwendung kubanischer Rumfässer fiel das Produkt unter das US-Importverbot.

Das ultimative Geschmackserlebnis für Whisky-Liebhaber ist ein Tasting von Glenfiddich-Abfüllungen von nacheinander 12, 15, 18, 21, 30 und 40 Jahren.

Perfekt ausgebildetes Personal kann mit reichhaltigen Informationen aufwarten.

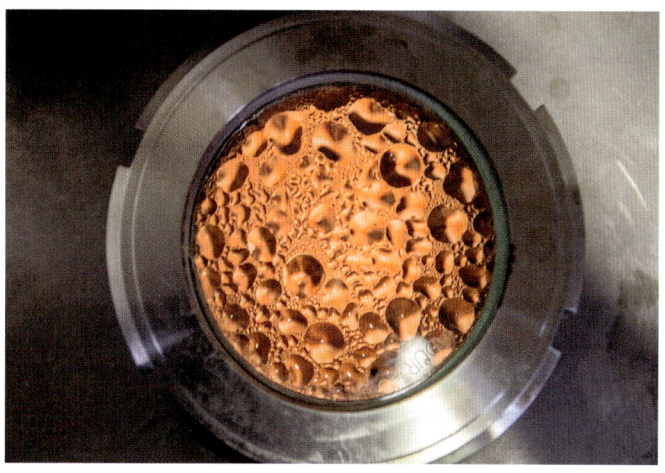

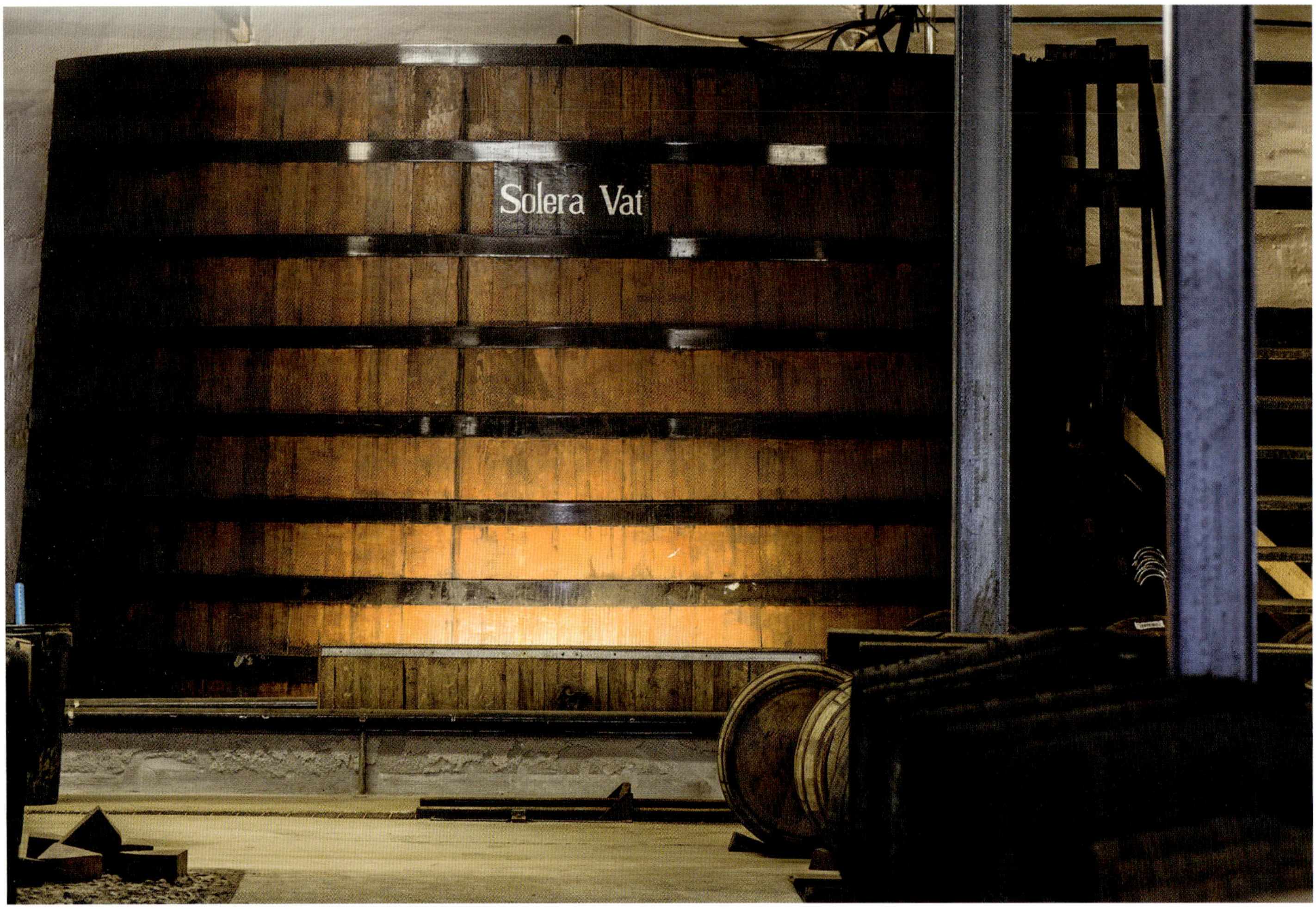
Solera Vat

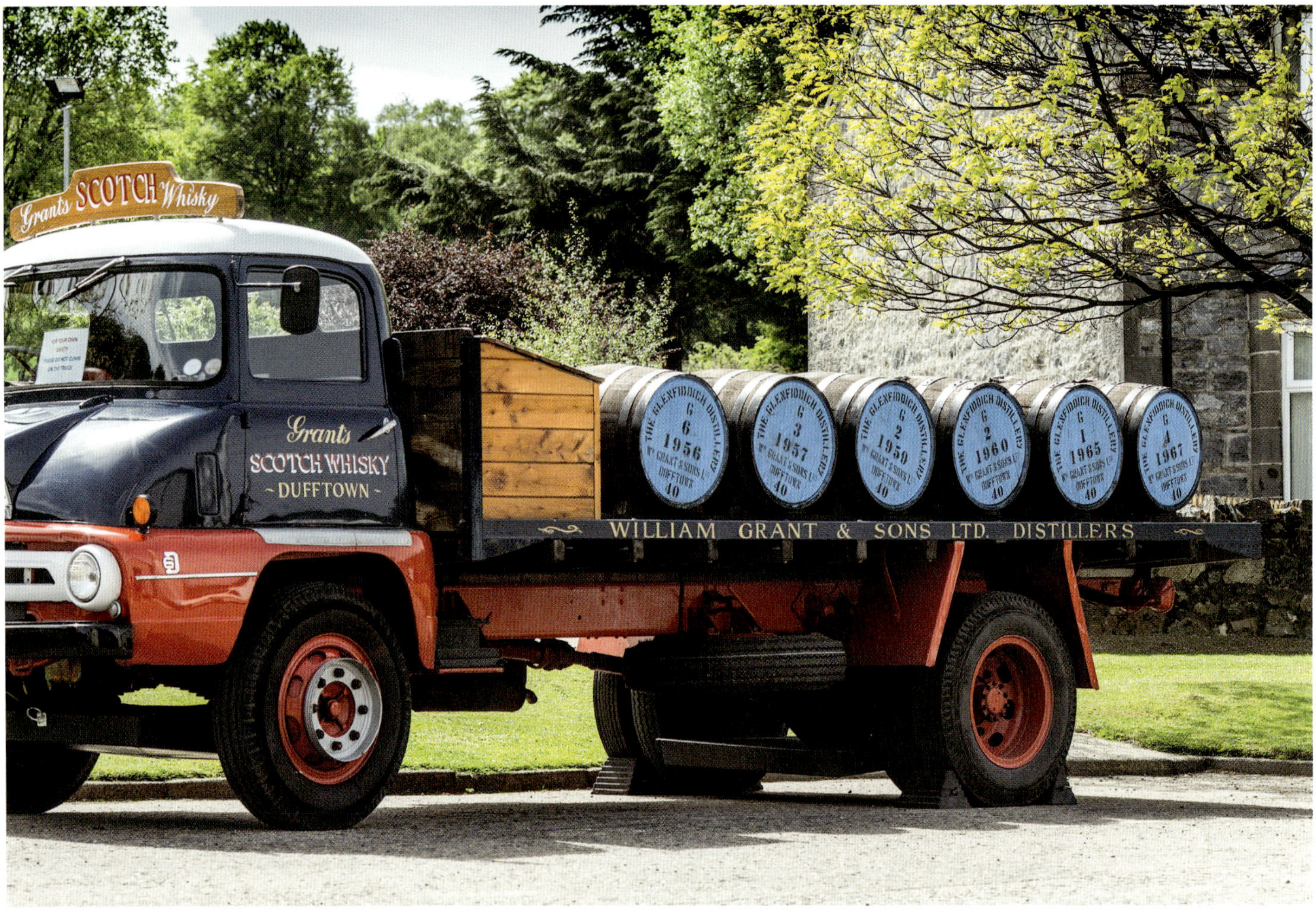
Grant's SCOTCH Whisky
Grant's
SCOTCH WHISKY
~ DUFFTOWN ~
WILLIAM GRANT & SONS LTD. DISTILLERS

Diese Apparatur kann in einem einzigen Vorgang 4550 Liter Low Wine (22 % vol.) in Spirit destillieren.

ZUGEHÖRIGE BRENNEREI

Balvenie Single Malt

ZEITLEISTE

1886 gegründet von William Grant
1887 erste Abfüllung
1961 dreieckige Flasche
1963 erster Single Malt
1991 Abfüllung 50 Jahre alter Whisky
2011 64 Jahre: Abfüllung eines Whisky von 1937

Es empfiehlt sich besonders, nacheinander die gesamte Bandbreite der Glenfiddich-Abfüllungen zu probieren, denn sie sind eine Bezugsgröße in der Welt des Malt Whisky.

ABFÜLLUNGEN

Altersstufen: 12, 15, 18, 21 und 30 Jahre

40 Jahre sind besonders exklusiv

Alte Abfüllungen aus den 1970er sind rar

Neuere Limited Editions:

Toasted Oak

Vintage 1999

Snow Phoenix 2010

Malt Master's Edition 2011

Age of Discovery Madeira 2011

Age of Discovery Bourbon 2012

Ultimate 38 2012

Select Cask 2013

Age of Discovery Red Wine 2013

Reserve Cask 2013

Vintage Cask 2014

50 Jahre alte Abfüllungen 1991

64 Jahre (1937-2001)

Zusätzlich gibt es ein breites Angebot weiterer limitierter Editionen, die weltweit in Glenfiddich-Kollektionen zu finden sind.

18 Jahre Special Reserve 19 Jahre, 21 Jahre Rum Cask

Stein- oder Porzellanabfüllungen für diverse Events und Persönlichkeiten

Vintages 74, 75, 77 und 78, etc.

Die Spayside wartet überall mit alten Friedhöfen, Burgen und Herrenhäusern auf, die mit reicher Kultur und Geschichte bekannt machen.

Leuchtend grüne Wiesen erstrecken sich beidseits des Flusses Spey. In Schottland scheinen Schafe und Kühe absolute Freiheit zu genießen.

Die Spey und ihre zahlreichen Zuflüsse sind ein echtes Paradies zum Wandern von Brennerei zu Brennerei.

3
THE GLENLIVET

THE GLENLIVET DISTILLERY

10,4 Millionen Liter pro Jahr

7 Wash Stills, 7 Spirit Stills

Ballindalloch, Banffshire AB37 9DB

Besucherzentrum 0044 (0)1340 821720

www.theglenlivet.com

Speyside Single Malt

Josie's Well

Inhaber: Pernod Ricard

Fliegenfischen ist ein Nationalsport in Schottland. In der Saison sieht man die Angler im Wasser stehen, wie sie mit großem Geschick ihre Leinen übers Wasser werfen. Mit dieser Technik bringen sie den Köder am Ende der Angelleine an der richtigen Stelle aufs Wasser – direkt zu einem hungrigen Lachs!

Das ist das Größte: köstlicher frischer Wildlachs aus dem Spey mit einem Malt Whisky. Der Fluss schlängelt sich durch die Speyside und ist zweifellos das Herz der Region.

Einer der vielen Zuflüsse des Spey ist der Avon, den wiederum der kleine Fluss Livet speist, der aus Glenlivet (Tal des Vilet) kommt.

Die Glenlivet Distillery wird von vielen Whisky-Trinkern hoch geschätzt, weil die Abfüllungen leicht erhältlich sind und ein optimales Preis-Leistungs-Verhältnis haben. Die Glenlivet Distillery ist die einzige Brennerei im Tal des Livet, die sich The Glenlivet Distillery nennen darf. Schon Jahre vor allen anderen Brennereien war Glenlivet fürs Schwarzbrennen von Whisky bekannt. Zu Beginn des 18. Jahrhunderts waren hier mehr als zweihundert Schwarzbrennereien aktiv.

Es war die Aufgabe der *excisemen*, im Auftrag der Behörden die Schwarzbrennereien aufzuspüren und den Whisky-Brennern klarzumachen, dass ihr lukratives Geschäft illegal war. Allerdings hatten die Whisky-Brenner einen hochrangigen Verbündeten: King George IV. war ein großer Fan von Schwarzgebranntem. 1823 wurde auf Betreiben des Landeigners von Glenlivet, Alexander Duke von Gordon, der Excise Act verabschiedet. Umgehend schlug der Duke einem seiner Pächter, George Smith, den Bau einer legalen Brennerei in Drumin vor.

Der gerissene Schwarzbrenner Smith willigte ein. Diese Brennerei wurde Glenlivet genannt. 1858 wurde sie nach Minmore verlegt, ins Herz des Tals. Bis 1935 blieb sie unabhängig, derzeitiger Manager ist Trevor Buckley. Er führt auch Gruppen herum, denn Besucher sind gern gesehen in Glenlivet. Die Destillerie verfügt über einen großen Parkplatz, ein Besucherzentrum, Gift Shop und Ausstellungsräume. Es gibt auch einen Coffeeshop für Erfrischungen. Das Highlight aber ist eine großartige Spirale aus Whisky-Flaschen. Chivas

Regal ist im Laden der Brennerei überaus präsent. Beim Besuch der Brennerei erfährt man viel über den Fokus auf Qualitätssicherung. Das stählerne Maischebecken ist höher als die Brennblasen in derselben Halle. Auf den ersten Blick sieht das wie ein sinnvolles Arrangement aus. Andererseits ist es ein bisschen komisch, da die Maische noch den Umweg über die Gärbottiche in einer anderen Halle machen muss, bevor sie zum Destillieren in die Brennblasen kommt. Die Maischebottiche werden noch immer aus Holz hergestellt. In der Gärhalle herrscht daher ein eindringlicher fruchtiger Geruch vor, für Besucher ein angenehmes Ambiente. Die Aufstellung der Brennblasen in der Destillierhalle ist ein Genuss fürs Auge. Drei Paar Brennblasen (Wash und Spirit Stills) sind untereinander sowie mit dem Spirit Safe, dem Kontrollgerät, verbunden. Die Spirituosen daraus werden separat gesammelt und erst nach Prüfung in den Mixbehälter geleitet. Expansion in jüngerer Zeit hat die Produktionskapazitäten verdoppelt. Sie liegt jetzt bei über 10 Millionen Liter. Der Großteil der Produktion wird für Single Malt verwendet, der Rest geht in Blends des Pernod-Ricard-Konzerns, darunter Chivas Regal.

In der Eingangshalle der Brennerei Glenlivet werden neben den klassischen Abfüllungen einige besonders exklusive Flaschen gezeigt. Shop und Cafeteria laden zum Verweilen ein.

Das große, hochglanzpolierte
Maischebecken wacht über
die größere Brennblase links
und die kleinere rechts.

Zahnradantrieb mag
altmodisch wirken, kommt
aber in vielen Brennereien
noch zum Einsatz.

The Glenlivet wurde 1824 gegründet und ist die einzige Brennerei, die das Wörtchen THE im Namen tragen darf. Andere Destillerien der Region nutzen Glenlivet als Beinamen: Gut fürs Geschäft, verwirrend für die Käufer.

Blick in einen Gärbottich, wo der Gärprozess gerade läuft. Zucker wird in Alkohol umgewandelt.

Das Antriebssystem der alten Mühle mag prähistorisch aussehen. Doch sowohl Effizienz als auch Tradition sind bestimmende Werte für die Bewahrung von Geschmack und Qualität.

Kristallklar läuft die Spirituose aus den Kondensatoren in den Alkoholtank.

ZUGEHÖRIGE BRENNEREIEN

Aberlour, Scapa, Strathisla, Chivas Regal

ZEITLEISTE

1824 gegründet von George Smith

1858 Bau der heutigen Brennerei The Glenlivet

1880 Eingetragen als „The Glenlivet"

1977 Verkauf an Seagrams

1983 Fusion von Chivas Bros und The Glenlivet Group

2001 Übernahme durch Pernod Ricard

ABFÜLLUNGEN

Altersstufen: 12, 15, 18 und 21 Jahre

The Glenlivet Guardian's Chapter

Nadurra's Olorosso, Peated, Cask Strength, Dram Chair

The Glenlivet Master Distiller's Reserve range

The Glenlivet Winchester Collection 50 Jahre alt (1964)

Den Spirit Safe haben der Manager und Steuerbeamte mit Vorhängeschlössern verschlossen. Skalen für Temperatur und Dichte (links im Bild) zeigen die Reinheit des Alkohols an.

Die geschwärzten Lagerhäuser sind zum Bersten voll mit reifenden Whiskys. Die dicken Wände und ein Minimum an Luft sollen die Temperaturschwankungen so gering wie möglich halten. Im Sommer kühl und nicht unter null Grad im Winter.

Wenn die Fässer hoch gestapelt werden, kann es während des langen Reifeprozesses zu Verdampfung kommen, weil die Temperatur am Boden und an der Oberfläche nie übereinstimmen.

Fässer werden aus verschiedenen Bohlen hergestellt, die von Metallbändern zusammengehalten werden. Wenn nötig, dichtet man die Zwischenräume mit holländischem Schildrohr ab.

Das inwändige Ausbrennen der Fässer dient dazu, die richtige Reife- und Geschmacksentwicklung zu gewährleisten.

Küfer sind hochspezialisierte Handwerker und bei der Whisky-Herstellung überaus wichtig. Es sind echte Stückarbeiter, denn sie werden nach Fässern bezahlt.

Die Speyside Cooperage
beliefert fast alle
schottischen Brennereien mit
Fässern.

Zu winzigen Häusern umgebaute
große alte Fässer im machen
aus dem Außenbereich
des Besucherzentrums
ein Märchenland mit
Zwergenhäuschen. Die Anlage lädt
zum Picknick ein.

Der Blick auf den Fässervorrat im Fasslager verrät, welch große Rolle sie für die Whisky-Herstellung spielen. Die Brennereien halten alle möglichen Größen und Arten vor. Die meisten kaufen die Fässer selbst und lassen sie in der Speyside Cooperage für die Verwendung vorbereiten.

4
ABERLOUR

THE ABERLOUR DISTILLERY
2,1 Millionen Liter pro Jahr
2 Wash Stills, 2 Spirit Stills

Aberlour, Banffshire AB38 9PJ
Besucherzentrum 0044 (0)1340 881249
www.aberlour.com
Speyside Single Malt
Ben Rinnes Spring
Inhaber: Pernod Ricard

Die Böttcherei Speyside Cooperage liegt an der Straße von Dufftown nach Charlestown Aberlour. In einer Böttcherei werden Fässer und Bottiche hergestellt. Ein Großteil der Whisky-Aromen stammt vom Eichenholz, in dem der Alkohol reift. Das erklärt, warum dieser Aspekt für die Whisky-Branche so große Bedeutung hat. Kein Whisky-Kenner sollte hier vorbeikommen und nicht anhalten. Fässer fertigen und reparieren ist sowohl eine Notwendigkeit als auch eine Kunst. Pro Jahr werden rund eine Million Fässer wieder einer Nutzung zugeführt.

Im Fasslager warten unzählige Fässer darauf, behandelt oder abtransportiert zu werden. Meistens werden die Fässer auf kundenspezifische Maße oder Modelle umgearbeitet. Die Fassdauben werden fachkundig zusammengesetzt und von Metallbändern so umschlossen, dass die typische Fassform entsteht. Die Zwischenräume werden mit Schilfrohr abgedichtet. Hydraulikpressen ziehen die Metallbänder zusammen, bis das Fass whiskydicht ist.

Innen sind die Fässer normalerweise ausgebrannt. Dadurch verbrennen bestimmte Stoffe im Holz und lösen andere, sodass die richtigen Aromen erhalten und unerwünschte gebunden werden.

Fässer gibt es in allen möglichen Größen und Formen. Wiederaufbereitete Bourbonfässer sowie Portwein- oder Weinfässer, die für die Zweitverwendung in Whisky-Lagerhäusern aufgearbeitet werden. Neben der Böttcherei kann man im Besucherzentrum etwas trinken, während die Kinder in einem Spielzeughaus aus alten Fässern herumtollen können.

Etwas außerhalb der Kleinstadt Charlestown Aberlour liegt die Brennerei gleichen Namens, einen bequemen Spaziergang vom Stadtzentrum und Park entfernt. Aberlour Distillery kann sich über einen Mangel an Besuchern nicht beklagen und ist rundherum von hübschen kleinen Qualitätshotels umgeben.

Anfangs hieß das Städtchen Charlestown of Aberlour, benannt nach Charles Grant of Wester

Elchies. Er entwarf 1812 den Plan für die Stadt mit der High Street von einer Meile Länge, einem Platz und der Brücke über den Lour. Die ersten Häuser wurden aus Steinen erbaut, die man aus dem Flussbett des Spey holte. Aberlour war vor allem für sein Waisenhaus bekannt, ist aber heute der Hauptort der Speyside und vor allem geprägt durch Tourismus, Whisky und Shortbread.

Die namengebende Brennerei liegt am Ende der High Street, ungefähr 300 Meter entfernt vom Zusammenfluss der Flüsse Lour und Spey. Der Name Aberlour ist Gälisch und bedeutet so viel wie Mündung des murmelnden Baches. Von einem alten viktorianischen Gebäude, das einst als Sägemühle benutzt wurde, sind noch Reste vorhanden.

Außer Whisky sollte man auch den Besuch der Shortbread-Bäckerei ins Auge fassen. Fliegenfischen ist ein schottischer Nationalsport und wird im Spey natürlich gerne praktiziert. Ein Spaziergang am Fluss eignet sich hervorragend, frische Luft zu schnappen.

Aberlour Single Malt ist besonders berühmt für seinen milden, cremigen Charakter, wenn man ihn im Mund hat. Das kommt von der Verwendung frischen Sherrys und frischem Bourbon. Das besonders weiche Wasser für die Whisky-Herstellung stammt vom Berg Ben Rinnes. Beim Betreten der Brennerei fühlt man sich sofort in authentischer Umgebung. Die alten Gemäuer strahlen Geschichte und Können aus. Die rot gestrichenen Fenster und Türen steuern Farbigkeit bei.

Zu Beginn einer Besichtigung kommt man um das Motto der Brennerei nicht herum: „Let the show did", was so viel heißen soll wie: Taten statt Worte. Und Taten werden hier vollbracht. Die Destillerie legt großen Wert auf ihren ökologischen Fußabdruck. Alte, aber hocheffiziente Filter sorgen dafür, dass kein verschmutztes Wasser abgeleitet wird. Beim Herumlaufen zwischen diesen Filtern, die wie Hütten aussehen, fühlt man sich in andere Zeiten zurückversetzt.

Wie bei allen Brennereien unter der Regie von Pernod Ricard kommt das Malz von außerhalb. Vertraut wirken die Malzmühle und das stählerne Maischebecken. Die stählernen Gärbottiche stehen hübsch aufgereiht, sind hier aber weiß gestrichen. Eigentlich erstaunlich, dass man Aberlour Whisky fast überall bekommen kann, wo hier doch nur je zwei Wash-Still- und Spirit-Still-Brennblasen stehen, bei einer Produktion von nur etwas mehr als 2 Millionen Liter. Aberlour steht weniger für Quantität als für Qualität.

In den Lagerhäusern stehen eng an eng vor allem Bourbon- und Olorosso-Sherryfässer. Typische Aromen der Aberlour-Abfüllungen sind Karamell, Holz, gedämpfter Apfel, leicht süß und würzig, Schokolade und eine markante Kandis-Note.

Die Serien, die regelmäßig auf den Markt gebracht werden, sind allesamt Spitzenprodukte. Der Tasting Room lügt nicht. Auf den Regalen stehen stolz aufgereiht 18 Jahre alter Single Cask, Double Casks und a'bunadh Cask Strength. Man kann so viel probieren bei einem Besuch in dieser Brennerei, da bleibt kein Wunsch offen.

Ein offener Maischebottich spiegelt sich in den Welldachplatten.

Kontrast: die altmodische Mühle und die stählernen Gärbottiche.

In der Brennerei Aberlour verwendet man noch immer eine Wasserfilteranlage, die heruntergekommen und aus der Zeit gefallen wirkt. Umweltschutz genießt hier höchste Priorität.

Für die Vielfalt des Aberlour Single Malt sorgen einstige Bourbon- neben früheren Sherryfässern.

Eine Probe direkt aus dem Fass kann ganz schön gehaltvoll sein. 58 bis 60 % vol. sind keine Ausnahme. Vorsicht ist daher angeraten. Normalerweise werden die Proben nur mit der Nase getestet. Fürs Tasten mit der Zunge kann Wasser beigemischt werden.

Ein Butt (500 Liter), ein ehemaliges Sherryfass

Eine beeindruckende Reihe verschiedener Alter und Vintages. Allesamt erfolgreiche und gesuchte Abfüllungen.

Eine Auswahl, die jede Bar schmücken würde. Aber nicht jeder mag die ältesten Sorten am liebsten. Während die einen starke, jüngere Whiskys bevorzugen, schätzen andere die Balance und Fülle reiferer Abfüllungen.

Die alten Abfüllungen in den viereckigen Flaschen sind begehrte Sammlerstücke.

ZUGEHÖRIGE BRENNEREIEN

The Glenlivet & Scapa Single Malt

ZEITLEISTE

1826 gegründet von James Gordon und Peter Weir
1879 Neugründung durch James Fleming
1892 erworben von Robert Thorne & Sons
1898 Wiederaufbau nach einem Brand
1921 Verkauf an W.H. Holt & Sons
1945 Übernahme durch S. Campbell & Sons
1975 erworben von Pernod Ricard
2001 Eröffnung des Besucherzentrums

ABFÜLLUNGEN

Altersstufen: 10, 12, 15, 16, 18 und 30 Jahre

A'bunadh Cask Strength Batch

Verschiedene junge und alte Single Casks

White Oak

Vintages höchster Qualität aus früheren Jahrzehnten sind der Mühe wert. Aber es ist wie immer: Sie werden als Investition erworben.

Im Eingangsbereich, wo die Rundgänge beginnen, erfährt man alles über den Klan der Flemings, die von flämischen Einwanderern des 12. Jahrhunderts abstammten. Die Familie ist eng verbunden mit den Anfängen und ersten Blüte der Brennerei.

5
GLENFARCLAS

THE GLENFARCLAS DISTILLERY

3,5 Millionen Liter pro Jahr

3 Wash Stills, 3 Spirit Stills

Ballindalloch, Banffshire AB37 9BD

Besucherzentrum 0044 (0) 1807 500345

www.glenfarclas.co.uk

info@glenfarclas.co.uk

Speyside Single Malt

Spring Ben Rinnes

Eigentümer: J & G Grant

Glenfarclas bedeutet „grünes Tal" oder „Tal des grünen Grases". Glenfarclas ist eine der wenigen verbliebenen Brennereien in Familienbesitz. John und George Grant, Vater und Sohn, sind stolz darauf, immer wieder Übernahmeangebote ausgeschlagen zu haben. Trotz seines Alters ist John noch immer sehr aktiv beim Brennen mit George, der außerdem für die Werbung im Ausland zuständig ist. Glenfarclas ist weltweit für seine Single Malts bekannt und eine der Stationen auf dem „Speyside Malt Whisky Trail". Gruppen buchen üblicherweise vorab und werden herzlich willkommen geheißen, und an der Auffahrt wehen dann jeweils die Flaggen der angekündigten Gäste.

Schon am Parkplatz lädt eine alte Brennblase zum Fototermin. Die Lage am Fuße des Bergs Ben Rinnes ist großartig und die urige Brennerei fast wie ein Stück Natur. Ein Besuch der Anlage beginnt mit dem alten Wasserrad, das aus dem Ben Rinnes gespeist wird. Vor dem elektrischen Zeitalter betrieb ein Wasserrad den Maschinenpark der Destillerie. Zuerst geht es zu den Malzbehältern: In den großen eckigen Silos wird das eingekaufte Malz gelagert. Der Rundgang führt vorbei an Malzmühle, Maischebecken, Gärbecken und den Brennblasen. Glenfarclas hat die größten Brennblasen der Speyside. Die Kessel haben noch den traditionellen Rummager, einen Arm mit Kettenringen, der verhindert, dass sich Flüssigkeit am Boden festsetzt. Am Ende des Rundgangs steht das Lagerhaus, wo fast 60.000 Fässer, jeweils durchschnittlich 300 Liter fassend, in aller Ruhe vor sich hin reifen. Immer wieder wird hier ein Dram verkostet, was jeden Whisky-Fan in Entzücken versetzt.

Am Ende besteht die Möglichkeit zum Tasting im Ship's Room, ein einladendes Örtchen ausgekleidet

mit Holz der RMS Empress of Australia, ein britisches Transportschiff, das einst Truppen von und nach Indien brachte.

Regelmäßig sieht man auf dem Brennereigelände John Grant, den Vater, mit seinen zwei treuen Labradors herumlaufen. Auch sein Sohn George begrüßt Besucher ausgesprochen herzlich und lässt sich Löcher in den Bauch fragen.

2011 beging die Glenfarclas Distillery ihren 175. Geburtstag. Zu diesem Anlass wurden zehn Fässer ausgewählt und abgefüllt. Der Shop präsentiert stolz die Family Casks, neben zahlreichen alten Editionen, die nicht mehr erhältlich sind. Blickfang schlechthin ist eine besonders schöne Karaffe mit 60 Jahre altem Whisky, der zum Träumen verführt.

Der Family Casket, eine Vitrine mit flüssigem Gold

60.000 Fässer reifenden Glenfarclas Single Malt füllen die Lagerhäuser.

Die meisten Brennereien strahlen viel Ruhe aus, aber das täuscht: Die Geschäftigkeit findet in den Produktionshallen statt.

Eine Leiter führt hinab auf den Boden der Gärbottiche, um die Behälter nach einem Gärvorgang komplett zu reinigen. Die kleinste Verunreinigung kann Bakterienwuchs hervorrufen und den Gärprozess ruinieren.

Vor dem Mahlen werden Steinchen und andere Fremdstoffe aussortiert.

ZEITLEISTE

1836 Robert Hay

1865 John Grant

1897 Renovierung und Erweiterung

1973 Besucherzentrum

1976 fünfte und sechste Brennblase

2007 Start der Family Cask Collection

ABFÜLLUNGEN

Alterstufen: 10, 12, 15, 17, 18, 21, 25, 30 and 40 Jahre

Exklusive Family Cask Collection: 1952 bis 1997

Diverse hervorragende 20th Century Vintages

Glenfarclas 105 and 105 20 Jahre alt

Jubiläum 175 Jahre

Am offenen Gärbottich kann man die entweichenden Kohlendioxidgase riechen.

George Grant hat für seine Besucher stets ein offenes Ohr.

Ganz langsam tritt der Alkohol aus den Kondensatoren. Der dünne Strahl zeigt an, dass der nächste Lauf einsetzt.

Der Spirit Safe ist gewissermaßen das Herz jeder Brennerei. Hier wird das Destillat geprüft und gemessen, um trinkfähigen Alkohol zu erhalten.

Sicherheitsventile,
Verschlussbügel,
Hahn mit Ventil

Das wachsame Auge des Brennmeisters, der nicht nur destilliert, sondern für spätere Inspektionen alles sorgfältig dokumentieren muss.

6
MACALLAN

THE MACALLAN DISTILLERY
6 Millionen Liter pro Jahr
5 Wash Stills, 10 Spirit Stills

Craigellachie, Banffshire AB3 9RX
Besucherzentrum 0044 (0)1340 872280
www.themacallan.com
Speyside Single Malt
Water Bore Holes
Eigentümer: Edrington Group

Nach Besuchen bei Glenfiddich, Glenlivet, Aberlour und Glenfarclas im Süden überqueren wir den beeindruckenden Spey River in Craigellachie, ein typisches Dorf der schottischen Highlands, gut gelegen inmitten all der Brennereien der Speyside, und Treffpunkt vieler Whisky-Händler und -Produzenten. Am Nordufer, einige Meilen von Craigellachie entfernt, liegt die Macallan Distillery: Macallan ist Gälisch und bedeutet „Landstück im Besitz des Mönchs Fillan". Auffällig ist das „Manager's house", in dem einst der Brennereimanager lebte. Es wurde später zum Empfangsgebäude für VIPs und Besucher, oft verbunden mit exquisitem Lunch oder Dinner. Heute dient das Haus für Besprechungen und als Büro. Früher wurde dem Empfang von Besuchern größte Aufmerksamkeit gewidmet. Heute steht die wirtschaftliche Seite im Vordergrund, und die Herstellung des Whiskys und der Verkauf sind wichtiger als Besucherführungen durch die Brennerei. Da Macallan bis 2017 die Produktion verdoppeln wollte, ist die Brennerei derzeit eine große Baustelle. Der größere Teil der Produktion geht in den bekannten Malt Blend „The Famous Grouse". Es steht zu hoffen, dass nach Beendigung der Bauarbeiten den Besuchern wieder die gebührende Aufmerksamkeit zuteil wird.

Noch immer gilt der Macallan Single Malt als einer der meistgeschätzten Scottish Malts. Immer wieder ist er in großen Kinofilmen Gegenstand des Product Placement. Dieser Whisky wird seit den 1970ern als Single Malt abgefüllt und wurde als einer der ersten Single Malts nach Belgien exportiert. Damals wurde Macallan Single Malt ausschließlich in Xeres-Sherryfässern gelagert, was für einen einzigartigen, besonders vollen und weichen Geschmack sorgt.

Angesichts des hohen Outputs erstaunt, wie klein die Brennblasen sind: Macallan hat die kleinsten Stills der gesamten Speyside. Pro Tag verbraucht die Brennerei Macallan 6 Millionen Liter Wasser, um die Kondensatoren zu kühlen. 2015 hatte Macallan 75 Mitarbeiter, die Lagerhäuser enthalten 250.000 Fässer.

Das Brennereigebäude, einst Wohnhaus des Managers der Destillerie. Damals ein begehrter Ort, an dem VIP-Gäste mit Dinners und Tastings verwöhnt wurden.

ZEITLEISTE

1824 gegründet von Alexander Reid
1868 James Stuart
1909 The Roderick Kemp Trust
1965 Verdopplung von sechs auf zwölf Brennblasen
1974-1975 Erweiterung auf 20 Brennblasen
1996 Highland Distillers Ltd
1999 Edrington Group
2010 Der 64 Jahre alte Macallan erzielt den Rekord von 460.000 Dollar.

ABFÜLLUNGEN

Macallan hat sich stets sehr attraktiver und beständiger Abfüllungen rühmen können.

Die sehr respektablen 10, 12, 15, 21 und 25 Jahre alten Whiskys sind stets erhältlich. Echte Kabinettstückchen waren die 18 Jahre alten Vintages, die jedes Jahr herauskamen. Auf sie folgten die Fine-Oak-Abfüllungen, geschmacklich gleichwertig, aber mit geringerer Sherrynote. Unabhängige Abfüller wie Gordon & McPhail oder Signatory Vintage Whisky blieben unbeirrt und brachten erstklassige Spezialreihen auf den Markt. Viele dieser wunderbaren Produkte lassen sich noch in Privatsammlungen finden. Seit die Edrington Group 2003 den Verkauf nach Japan aufnahm, hat sich die Geschäftsstrategie verändert und setzt mehr auf eine begrenzte Bandbreite, in der Alter weniger zählt als Farbe: Die Standardabfüllungen heißen jetzt Gold, Amber, Sienna und Ruby.

Die Grünanlagen lohnen einen Gang übers Brennereigelände.

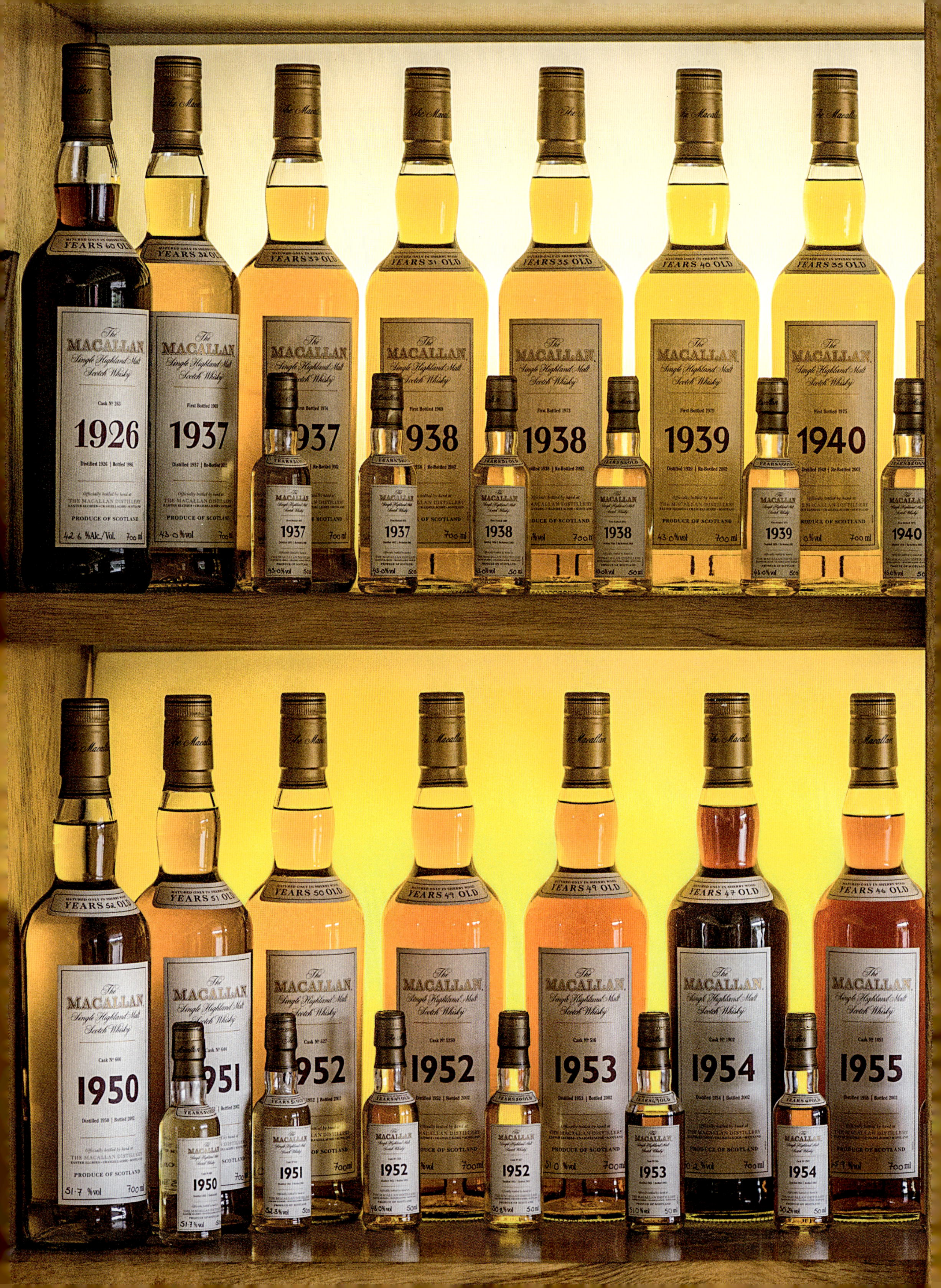

YEARS 60 OLD
The MACALLAN Single Highland Malt Scotch Whisky
1926
PRODUCE OF SCOTLAND
YEARS 37 OLD
1937
YEARS 31 OLD
1938
YEARS 35 OLD
1938
YEARS 40 OLD
1939
YEARS 35 OLD
1940
YEARS 52 OLD
1950
YEARS 51 OLD
1951
YEARS 50 OLD
1952
YEARS 49 OLD
1952
YEARS 49 OLD
1953
YEARS 47 OLD
1954
YEARS 46 OLD
1955

Inverness, die Hauptstadt des Nordens, mit Inverness Castle am Ufer des River Ness

Belgische Chocolatiers vereinen Single Malts der Meisterklasse mit belgischer Schokolade zu feinster Whisky-Schokolade.

Gute und authentische kleine Hotels gibt es in Schottland überall. Typisch ist die große Anzahl Schornsteine auf den Dächern.

River Ness verbindet Loch Ness mit der Nordsee. Am Ufer verlaufen romantische Fußwege. Ein Abendspaziergang am Ufer entlang ist ganz sicher keine Zeitverschwendung.

7
DALMORE

THE DALMORE DISTILLERY

3,2 Millionen Liter pro Jahr

4 Wash Stills, 4 Spirit Stills

Alness Ross-shire IV17 OUT

Besucherzentrum 0044 (0)1349 882362

www.thedalmore.com

thedalmore@whyteandmackay.com

Highland Single Malt

River Alness

Inhaber: Whyte and MacKay Ltd

Die Speyside kann man auf verschiedenen Wegen hinter sich lassen, entweder auf der A95 entlang der Spey nach Grantown-on-Spey oder auf der A96 über Rothes, Elgin, Forres und Nairn. Unser Ziel ist Inverness und die Fortsetzung der Reise auf der Whisky-Route. Als attraktive Hauptstadt des schottischen Nordens bietet Inverness eine willkommene Abwechslung vom Besuch der Brennereien. Man kann am Ness spazieren gehen, es gibt jede Menge einladender Kneipen und Restaurants und die Stadt hat ein breites Angebot an Läden, die lokale Produkte verkaufen. In der viktorianischen Markthalle gibt es sogar einen berühmten belgischen Chocolatier, der Pralinen mit Whisky aus den Brennereien anbietet, die in diesem Buch vorkommen. In unmittelbarer Nachbarschaft lohnen Fort Geworge und die Schlachtfelder von Culloden einen Besuch. Von Inverness sind die Brennereien von Dalmore und Glenmorangie auf einem Tagesausflug gut erreichbar. Bei klarem Wetter bietet die Brücke über Moray Firth großartige Aussicht. Ein paar Meilen weiter bringt uns eine Brücke über Cromarty Firth. Der natürliche Tiefseehafen ist bestens geeignet als Ankerplatz für Ölplattformen. Öl ist ein ziemlicher Kontrast zur schottischen Whisky-Branche, aber wie Whisky und Tourismus eine wichtige Quelle für den Wohlstand Schottlands.

Die Dalmore Distillery liegt am Ufer des Firth und es ist schon ein bisschen merkwürdig, wenn man im Laden oder Tasting Room aufschaut und Ölplattformen sieht, zumal sich die anderen Brennereien weit weg von großen Industrieanlagen inmitten schottischer Natur angesiedelt haben.

Die Brennerei erlaubt keine Rundgänge oder Besuche, sondern nimmt es mit den Sicherheitsvorschriften überaus genau. Vorbei an einer Schautafel und ein paar Fässern geht es zu Verkaufsraum und Tasting Room – mehr ist hier nicht drin. Gleichwohl ist der Dalmore Single Malt absolute Spitze. Schon mit seinem Äußeren punktet dieser Malt Whisky nicht nur doppelt, sondern dreifach: Die Flaschen haben eine ansprechende Form und

ähneln Karaffen, und die intensive warme Farbe des Whiskys unterstreicht der silberne Hirschkopf. Das Aroma ist bei einem Dalmore immer ausgewogen, süß, weich und mit einer Note Karamell. Dalmore ist ein äußerst schmackhafter Whisky, der das Zeug hat, einen Anwärter zum Whisky-Fan zu machen. Das Mikroklima der Black Isle und die Nähe des Meeres geben der hiesigen Gerste eine besondere Note. Ein Teil der Gerste im Dalmore Single Malt stammt aus der Gegend und macht das Produkt unverwechselbar. Die brennereieigenen Hefekulturen sorgen außerdem für eine sehr fruchtige Gärbrühe. Daher rührt vermutlich auch der beerige Abgang vieler Abfüllungen aus Dalmore. Die Legende von Dalmore reicht zurück bis 1263: Colin of Kintail, Klanchef der McKenzies, rettete dem schottischen König Alexander III. das Leben, als der König von einem Hirsch attackiert wurde. Zum Dank erhielt Colin Eilean Donan als Besitzung und erhielt als Wahlspruch „Luceo Non Uro", was so viel heißt wie: Ich glänze, aber brenne nicht. Und außerdem durfte die Familie einen Hirschkopf in ihr Wappen aufnehmen. Als später die Brennerei in den Besitz der McKenzies kam, wurde der Hirschkopf zum Firmenzeichen des Dalmore Single Malt. Ein großer Name hinter Dalmore Single Malt und Whyte and MacKay ist zweifellos Richard Paterson, auch „die Nase" genannt. Eigentlich ein Blender, wurde Richard einer der besten Taster der Whisky-Branche. Entertainer durch und durch, weiß er Whisky-Liebhaber mit seinem Wissen zu bezaubern. Sein Lebensstil hat viel Gefolgschaft.

Der Kopf des Hirschbocks ist auf den Flaschen des Dalmore Single Malt unübersehbar.

Wiederaufgearbeitete Fässer sind fertig zur Befüllung mit Dalmore Whisky.

Der geschmackvolle Tasting Room über dem Brennereiladen

Ob leer oder befüllt, ein Fass kann ein einzelner Mann gut bewegen.

ZUGEHÖRIGE BRENNEREI

Whyte and McKay

ZEITLEISTE

1838 gegründet von Alexander Matheson

1867 Übernahme durch die Familie MacKenzie

1874 Zwei neue Brennblasen verdoppeln den Bestand.

1966 Vier weitere Brennblasen verdoppeln den Bestand erneut.

1996 Übernahme durch JBB

2001 neuer Eigentümer: Whyte and MacKay

2004 neues Besucherzentrum

ABFÜLLUNGEN

Altersstufen: 12, 15 und 18 Jahre

Grand Reserve

diverse Cigar Malts und Vintages

De-luxe-Abfüllungen: King Alexander, Castle Leod, Cromartie

Tribut an die Lachsgründe: Tweed, Tay, Spey und Dee

40 Jahre alt

Die Ostküste im Norden Schottlands lädt zu Strandwanderungen ein, bei grandiosem Blick über die Nordsee und die Küste entlang.

Öl ist eine wichtige Einnahmequelle. Bohrtürmen bietet der Cromarty Firth guten Schutz. Reparaturen und selbst Demontagen können problemlos ausgeführt werden. Trotz der Industrieanlagen hat die Black Isle und ihre Umgegend alles zu bieten, was Naturliebhaber suchen.

Schottland hat reichlich Wasser: Selbst bei wenig Regen gibt es immer noch die Schneeschmelze. Schnee gibt es in Schottland bis weit ins Jahr hinein.

Lagerhäuser an der Küste. Sie sind so ausgerichtet, dass das Meer nur wenig Einfluss auf das Reifen des Whiskys hat.

8
GLENMORANGIE

THE GLENMORANGIE DISTILLERY

4 Millionen Liter pro Jahr

6 Wash Stills, 6 Spirit Stills

Ross-shire Tain IV19 1PZ

Besucherzentrum 0044 (0)1862 892477

www.glenmorangie.com

Highland Single Malt

Tarlogie Springs

Inhaber: LVMH

Wir lassen die Bohrtürme hinter uns und nähern uns allmählich Glenmorangie, wo zweifellos einer der bekanntesten Whiskys der Welt gebrannt wird. Der Name Glenmorangie stammt aus dem Gälischen und bedeutet „beschauliches Tal". Ein gut ausgewogener Gaumen und weiche Textur sind unverkennbare Eigenschaften dieses Malt. Über die Jahre hat die Brennerei erstaunliche Abfüllungen auf den Markt gebracht, die dank beständiger Sorge stets den höchsten Qualitätsstandards entsprechen. Oft wirken sich Verkauf oder Inhaberwechsel auf die Qualität einer Brennerei aus, aber in Glenmorangie steht man für gleichbleibende Qualität.

Derzeit bietet Glenmorangie ein breites Angebot ganz unterschiedlicher Whiskys, was Alter, Limited Edition, Vintages und Single Casks betrifft. Jede Abfüllung hat ihren ganz eigenen Charakter, und mancher Fan von Glenmorangie nennt eine große Palette sein Eigen, die das Ausgangsprodukt gemeinsam hat. Die Brennerei liegt am Ufer des Dornoch Firth und bietet schon vom Parkplatz aus eine großartige Aussicht über die Bucht. Besucherzentrum, Verkauf und Tasting Room wirken sehr einladend. Und wer sich für die Brennerei interessiert, kann sich sachkundig herumführen lassen. Die Produktion von Whisky verlangt nach viel Wasser, das meist aus Seen oder Flüssen stammt. Glenmorangie hat sogar seine eigene Quelle, versteckt in herrlicher Landschaft vor allzu viel touristischer Neugierde. Man macht kein Geheimnis aus der genauen Location und die Quelle ist nur ein paar Meilen von der Destillerie entfernt. Aber sie ist nicht ausgeschildert und es gibt auch keinen Parkplatz. Natürlich will man den Ort möglichst unberührt lassen. Wer die Quelle unbedingt besuchen will, muss in der Brennerei danach fragen. Auf der A9 Richtung Inverness erreicht man sie über einen schmalen Feldweg auf der rechten Seite. Durch mehrere Lagen Felsgestein blubbert das kristallklare Wasser an die Oberfläche. Ein schmaler Kanal führt von der Quelle zur Destillerie. Dieses einzigartige Wasser gibt dem Whisky von Anfang an einen besonderen Charakter.

Neben den Standardprodukten werden für exklusive Abfüllungen besondere Malzmaischen hergestellt. Und stets ist die Brennerei auf der Suche nach besonderen Lagen, in den spezielle Gerstesorten heranwachsen. Damit will man den Geschmack von früher erhalten, aber mit der Qualität und dem Ertrag von heute. Mikroklima, Regen und Sonne sind dabei Faktoren, die sich kaum beeinflussen lassen. Die Maische wird in großen Bottichen hergestellt. Für jeden Lauf werden neun bis zehn Tonnen Malzschrot eingesetzt. Für den Standardwhisky wird das Malz in Glenmorangie nicht getorft, aber für bestimmte Abfüllungen wird leicht getorftes Malz verwendet. Die süße Würze wird in zwölf Bottichen vergoren, von denen jeder 50.000 Liter fasst. Je nach Temperatur und anderen Faktoren dauert es 48 bis 55 Stunden, um den Malzzucker in Alkohol zu verwandeln. Mit den stählernen Maische- und Gärbottichen lässt sich sauber arbeiten, denn Stahl ist einfacher zu desinfizieren als Holz. Nebeneinander aufgereiht stehen in der eindrucksvollen Destillierhalle die zwölf Brennblasen, die höchsten in ganz Schottland. Wegen ihrer Höhe von fünf Metern werden sie auch Giraffenhälse genannt. Glenmorangie brennt einen sehr schmackhaften und edlen Whisky. Die ersten Brennblasen kamen aus einer Ginbrennerei. Glenmorangie setzt auf unterschiedliche Fasstypen, aber zuerst kommt aller Whisky in Fässer aus amerikanischer Weißeiche.

Das Holz für die Fässer stammt aus Glenmorangies eigenem Forst in den Ozark Mountains in Missouri, USA. Neue Fässer trocknen zwei Jahre im Freien, bevor sie an die Bourbon-Brennereien Jack Daniels und Heaven Hill verliehen werden. Anschließend lässt Glenmorangie seine Whiskys darin reifen. Die Standardabfüllung reift ausschließlich in Fässern, in denen vorher Bourbon gelagert wurde, und die Special Editions erhalten zusätzlich eine besondere Behandlung.

Die Brennerei Glenmorangie ist einer der Pioniere im Bereich exquisiter Finishings. Der Manager der Brennerei erwarb ein Fass des französischen Weindorfes Tain-l'Hermitage für das schottische Dorf Tain. 1975 kam das Finishing Tain-l'Hermitage heraus, wurde ein großer Erfolg und schuf einen Trend, dem andere Brennereien folgten: Wein-Finishings. Die große Auswahl an Fässern aus aller Welt, in denen zuvor Wein oder Sherry, Port oder Madeira lagerte, gewährleistet die hohe Qualität und Bandbreite der Whiskys von Glenmorangie.

Über Jahre besorgten 16 Männer die Produktion, genannt „The Sixteen Men of Tain", die bis auf die Weihnachtszeit das ganze Jahr durcharbeiteten. Als die Produktion 2008 ausgeweitet wurde, wuchs die Belegschaft auf 24, und das Etikett sprach nunmehr von „The Men of Tain".

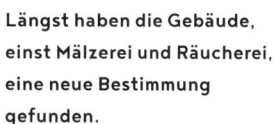

Durch die Scheibe werden die Temperaturangaben abgelesen.

Längst haben die Gebäude, einst Mälzerei und Räucherei, eine neue Bestimmung gefunden.

Durch einen kleinen Kanal läuft das Wasser von der Quelle von Tarlogie zur Brennerei.

ZEITLEISTE

1843 Matheson Brothers

1887 Glenmorangie Distillery Co Ltd

1918 McDonald & Muir

1931-1936 geschlossen

1941-1944 geschlossen

1977 Verdopplung der Brennblasen von zwei auf vier

1990 Verdopplung der Brennblasen von vier auf acht

2005 LVMH, besser bekannt als Louis Vuitton Moët Hennessey

2009 zwölf Brennblasen

ABFÜLLUNGEN

Original	Sonnalta PX	Dornoch
18 Jahre	Finealta	Duthac
25 Jahre	Nectar D'or	Tusail
Lasanta	Pride 1981	
Quinta Ruban	Artein	
Astar	Ealanta	
Signet	Companta	

Dieses alte Wasserrad lieferte einst die nötige Energie.

Auffälligerweise zeigen viele Brennereien einen Oldtimer aus ihrer eigenen Geschichte.

Vom Getreidesilo gelangt das Malz erst in die Mühle und dann in den Maischebottich.

Glenmorangie gehört zu den ältesten Single Malts. Das Angebot ist reichhaltig und die Whiskys sind in Geschmack und Abgang perfekt balanciert.

Wenn die Fässer nicht zu hoch gestapelt werden, sind die Anteile beim Verdampfen ähnlich.

Die Überfahrt nach Orkney ist spektakulär und die Aussicht entschädigt für die raue See.

Gekenterte Schiffe rosten vor der Insel vor sich hin. Fischerei ist wichtig als Einkommensquelle und zur Ernährung.

Die prähistorische Anlage Skara Brae

Der Ring von Brodgar ist 4500 Jahre alt.

Unglaublich, dass vor so langer Zeit Menschen solche Monolithe derart perfekt nach den Sternen ausrichten konnten.

Das Hafenwasser ist tief genug für Fähren und sogar kleine Kreuzfahrtschiffe.

Bei Vögelkundlern sind die Orkney und Shetland Islands gut bekannt. Die Kliffs entlang der Küste bieten allen möglichen Seevögeln hervorragenden Schutz.

9
HIGHLAND PARK

THE HIGHLAND PARK DISTILLERY

2,5 Millionen Liter pro Jahr

2 Wash Stills, 2 Spirit Stills

Kirkwall, Orkney KW15 1SU

Besucherzentrum 0044 (0)1856 873107

www.highlandpark.co.uk

distillery@highlandpark.co.uk

Orkney Single Malt

Distillery Crantit Spring

Eigentümer: Edrington Group / Highland Distillers plc

Ein Besuch von Orkney oder der Orkney Islands ist viel einfacher, als man denkt. Wer mit dem Flugzeug kommt, kann von Inverness, Aberdeen, Glasgow oder Edinburgh auf Linienflügen mit Loganair oder Flybe anreisen. Oder man reist mit dem Schiff an, täglich verkehrt eine Fähre zwischen Thurso und Stromness. Meistens ist die See zwischen den Orkneys und dem Festland ziemlich rau, was eine Überfahrt nicht unbedingt zum Vergnügen macht. Andererseits ist die Aussicht grandios, und das lässt einen die Unannehmlichkeiten rasch vergessen. Eine der eindrucksvollsten Naturansichten ist der „Old Man of Hoy", ein Fels wie ein Kirchturm, der im Wasser auf Besucher wartet.

HIGHLAND PARK DISTILLERY

Der schottische Single Malt Whisky Highland Park Single Malt wird in der gleichnamigen Brennerei in Kirkwall gebrannt und abgefüllt. Highland Park ist die nördlichste Brennerei in Schottland. Man sieht sie an Werktagen schon von Weitem, denn die beiden Schornsteine in Form von Pagoden auf der Darre sind noch immer in Betrieb. VIP-Besucher dürfen auf einer Leiter aufs Dach der Darre klettern. Dort kann man mit etwas Torfgeruch in der Nase und im Gedanken an einen Highland Single Malt von einer Aussichtsplattform den großartigen Ausblick über die Insel genießen.

Bei der Herstellung legt man in Highland Park großen Wert auf Tradition. Die Gerste wird in der brennereieigenen Mälzerei auf einem echten Mälzboden gemälzt. Harte Arbeit und Handwerkskunst garantieren das Besondere. Ein Großteil des verwendeten Weizens wächst auf den Orkneys und macht Highland Park umso einzigartiger. Der hier gestochene Torf unterscheidet sich vom Festlandtorf, er ist jünger und lockerer und verleiht dem Torfrauch seinen ganz eigenen Charakter.

In der Brennerei selbst spürt man, dass auf Tradition und Qualität größter Wert gelegt wird. Zwischen den alten Gemäuern, in der Brennerei und draußen scheint die Zeit stillzustehen, als hätte sich in den letzten zweihundert Jahren nichts verändert. Aber es ist nicht so, als gäbe es weder Fortschritt noch Innovation. Neben den Holzbottichen steht ein neuer stählerner Maischebottich. Der Einsatz von Stahl bei diesem Produktionsschritt macht die Unterhaltung sehr viel einfacher: Die Metalltanks sind leichter zu reinigen, um das Wachstum von Bakterien zu verhindern.

Zum Lagern und Reifen des Whiskys werden neue und alte Sherryfässer verwendet. Aufgearbeitete Fässer in verschiedenen Größen werden zuerst mit Sherry gefüllt, um so viel Tannin wie möglich aus dem Holz zu lösen. Gleichzeitig nimmt das Holz ein bisschen Sherry auf, was sich auf den Whisky positiv auswirkt.

In der kulinarischen Welt findet Highland Park vielseitige Verwendung. Die herkömmliche Sichtweise von Whisky in Kombination mit einer Zigarre ist irreführend, denn dadurch geht das Aroma komplett verloren. Viel besser ist es, solche Malts mit Essen zu kombinieren, unter sorgfältiger Auswahl von Zutaten, die gut miteinander harmonieren. Zu Highland Park Single Malt passen Räucherlachs und kräftiger Käse hervorragend. Der Geschmack ist leicht rauchig, ergänzend tritt ein Hauch Lakritz dazu, außerdem Kandis und Salz, das alles abgerundet durch die Wirkung des Sherryfasses – ein Fest für jeden Liebhaber des Whiskys. Der Whisky-Experte Michael Jackson zählt Highland Park zu den besten Allroundern unter den Malt Whiskys.

Es wäre ein Sakrileg, Orkney ausschließlich wegen der Brennerei zu besuchen. Denn nicht weit entfernt liegt die prähistorische Anlage von Skara Brae. Der Ring von Brodgar ist Teil von „The Heart of Neolithic Orkney", das die UNESCO 1999 zum Weltkulturerbe erhob. Der rituelle Henge mit dem Kreis von Steinen wird auf 2500 bis 2000 v. Chr. datiert.

Und schließlich gibt es noch die italienische Kapelle, erbaut von italienischen Kriegsgefangenen des Zweiten Weltkriegs.

Für Wanderungen bieten sich die Wege zwischen den markanten Kliffs an, in denen zahllose Seevögel leben, darunter Papageitaucher und Eissturmvögel. Es gibt eine Menge Möglichkeiten für ein paar Tage auf den Orkneys. Und stets geht eine frische Brise!

Die Brennerei Highland Park überrascht Whisky-Liebhaber immer wieder mit Qualitätsausgaben und Luxusverpackungen. Sammler lieben das.

Die noch voll funktionstüchtige Doppeldarre sieht man wegen der dicken Rauchwolken schon von Weitem.

Im Hof der Brennerei fühlt man sich sofort in die Vergangenheit zurückversetzt.

Zusätzlich zu den Abfüllungen der Brennerei bringen zahlreiche unabhängige Abfüller weitere Versionen auf den Markt. Unabhängige Abfüller kaufen Fässer in Brennereien auf und sorgen für Vielseitigkeit auf dem Markt. Hier ein 24 Jahre alter Highland Park als Vintage in einer Limited Edition von 1987.

ZEITLEISTE

1798 gegründet von David Robertson

1816 John Robertson

1826 Robert Borwick

1840 George Borwick

1869 James Borwick

1895 James Gant (The Glenlivet Distillery)

1898 Kapazität steigt von zwei auf vier Brennblasen

1937 Erwerb durch Highland Distillery

1986 Besucherzentrum eröffnet

1999 Übernahme durch die Edrington Group

ABFÜLLUNGEN

Altersstufen: 12, 18, 21, 25 Jahre und 30, 40 und 50 Jahre

Highland Park Warrior Series: Svein, Einar, Harald, Sigurd, Ragnavald, Thorfinn

Highland Park Valhalla Collection: Loki, Freya, Thor, Odin

Außerdem eine Auswahl von Limited Editions, die weltweit in vielen Highland Park Collections zu finden sind. Besonders begehrt sind alte Flaschen (runde Flaschen).

Gedrungene, behäbige Brennblasen, riesige Maischebottiche aus Stahl und Fässer in drei Lagen übereinander

10
TOMATIN

THE TOMATIN DISTILLERY
5 Millionen Liter pro Jahr
6 Wash Stills, 6 Spirit Stills

Tomatin, Inverness-shire IV13 7YT
Besucherzentrum 0044 (0)1463 248148
www.tomatin.com
Speyside Single Malt
Allt-na-Frithe-bron
Inhaber: Takara Shuzu and Okura & Co Ltd

---

20 Autominuten von Inverness entfernt liegt die Brennerei Tomatin zwischen dem Ostufer von Loch Ness und der A9. Über die richtige Aussprache des Wortes Tomatin ist viel geschrieben worden. Auch wenn er gerne Französisch ausgesprochen wird (Tomatain), muss doch die Betonung auf der zweiten Silbe liegen: Tomáttun. Gut gealterte Destillate und reife Whiskys aus den späten Sechziger- und Siebzigerjahren bezeugen, wie lange Tomatin schon auf dem Markt tätig ist, und den Whisky-Blend „Big T" sieht man früher wie heute überall.

Schon wegen seiner höchsten Zahl Brennblasen in Schottland entging die Brennerei nicht der Aufmerksamkeit japanischer Holdings und wurde 1986 vom japanischen Whisky-Produzenten Takara übernommen. Später wurde die Zahl der Brennblasen reduziert, um Platz zu schaffen für ein neues Besucherzentrum.

Da die Brennereigebäude weiter auseinanderstehen als üblich, entsteht der Eindruck einer Fabrikanlage, der nicht mehr wirklich zutrifft. Die Lagerhäuser sind recht verstreut, was vermutlich an den angrenzenden Wohngebieten liegt.

Unter japanischem Management befindet sich die Brennerei offensichtlich in einem Umwandlungsprozess, wie man an Maische- und Gärbottichen sehen kann, die inzwischen alle aus Stahl sind. Destillierhalle und Spirit Safe sind nicht immer zugänglich, was an neuen Sicherheitsregeln in Sachen Explosionsgefahr liegt. Kleine Besuchergruppen dürfen die Destillierhalle aber betreten. Messgeräten gewährleistet die Sicherheit der Besucher. Die Lagerhäuser sind berstend voll mit reifendem Tomatin. Das fruchtige Aroma des hiesigen Whiskys ist in und um die Lagerhäuser stets präsent, denn schwarze und rote Johannisbeere, Brombeere und Kandis prägen zahlreiche Abfüllungen. Die jüngeren Vintages dieses Malt Whiskys eignen sich als Aperitif zu Fingerfood, die älteren eher als Digestif und für Connaisseurs. Ganz unterschiedliche Abfüllungen, in Sherry- und Bourbonfässern gereifte Malts und getorfte Produkte, ermöglichen eine große Produktpalette aus einer einzigen Brennerei.

Wir verlassen Tomatin auf der A9 und der A86 in Richtung Fort William. Die Strecke führt durch die Cairngorm Mountains, eine Gebirgsregion, die zu den Grampian Mountains gehört. Die Grampians sind einer der drei schottischen Gebirgszüge und machen einen großen Teil der Highlands im Nordwesten Schottlands aus. Die Stadt Aviemore am Fuße der Cairngorms ist das schottische Skizentrum. Weiter am Loch Laggan entlang kommen wir nach Spean Bridge und Fort William, eine Stadt unterhalb des Ben Nevis, Großbritanniens höchstem Berg (1350 Meter). In Fort William endet der Wanderweg „West Highland Way" mit dem Aufstieg zum Ben Nevis. Der ist ziemlich beschwerlich, denn auf der Spitze des Bergs liegt fast das ganze Jahr hindurch Schnee.

Mit Blick auf die Produktivität erhält Tradition ein modernes Gesicht. Stählerne Gärbottiche und schön geformte Brennblasen aus Kupfer.

Hier lässt sich das Innere eines alten Maischbottichs begutachten und fotografieren. Dafür wurde ein Stück Seitenwand entfernt.

Die Gärbrühe duftet verräterisch nach Früchten.

Frisch gefüllte Fässer warten auf eine erste Inspektion, bevor sie im Lagerhaus gestapelt werden.

ZEITLEISTE

1897	Gründung der Tomatin Spey District Distillery Co Ltd
1906	stillgelegt
1956	Zahl der Brennblasen steigt von zwei auf vier
1958	zwei weitere Brennblasen installiert
1961	vier weitere Brennblasen installiert
1964	eine weitere Brennblase, insgesamt sind es jetzt elf
1974	zwölf weitere Brennblasen bringen die Zahl auf 23
1986	Übernahme durch Takara

ABFÜLLUNGEN

Legacy, Cask Strength, 12, 14, 15, 18, 21 und 30 Jahre alt
Cu Bocan Bourbon und Sherry (beide im echten Tomatin-Stil getorft)

Die Brennerei Tomatin nahe der A9 verzeichnet hohe Besucherzahlen. Im Verkaufsraum lässt sich immer ein Schnäppchen machen.

Ein Fass kann mehrmals wiederverwendet werden. Hier sieht man, dass die zweite Befüllung ordentlich vermerkt wurde.

Angesichts Juwelen wie diesem fast 50 Jahre alten Tomatin läuft echten Fans das Wasser im Munde zusammen in der Hoffnung, einmal davon kosten zu dürfen.

Loch Ness ist Schottlands tiefster und berühmtester See.

Das Erste, das Touristen sehen wollen, wenn sie von Inverness südwärts fahren, ist der berühmte Loch Ness. Ohne Zweifel ist es der weltweit bekannteste See (Loch) Schottlands, angeblich das Zuhause des Monsters von Loch Ness, genannt Nessie. Erstmals gesehen wurde sie im frühen Mittelalter und wurde zum Thema vieler Legenden und Filme. Loch Ness ist an die 40 Kilometer lang und bis zu 250 Meter tief. Mit anderen Seen bildet Loch Ness die Great Glen Fault. Mit Kanälen und Schleusen bilden sie den Caledonian Canal, der Inverness im Norden mit Oban im Südwesten verbindet. Urquhart Castle und das Nessie Museum lohnen einen Besuch.

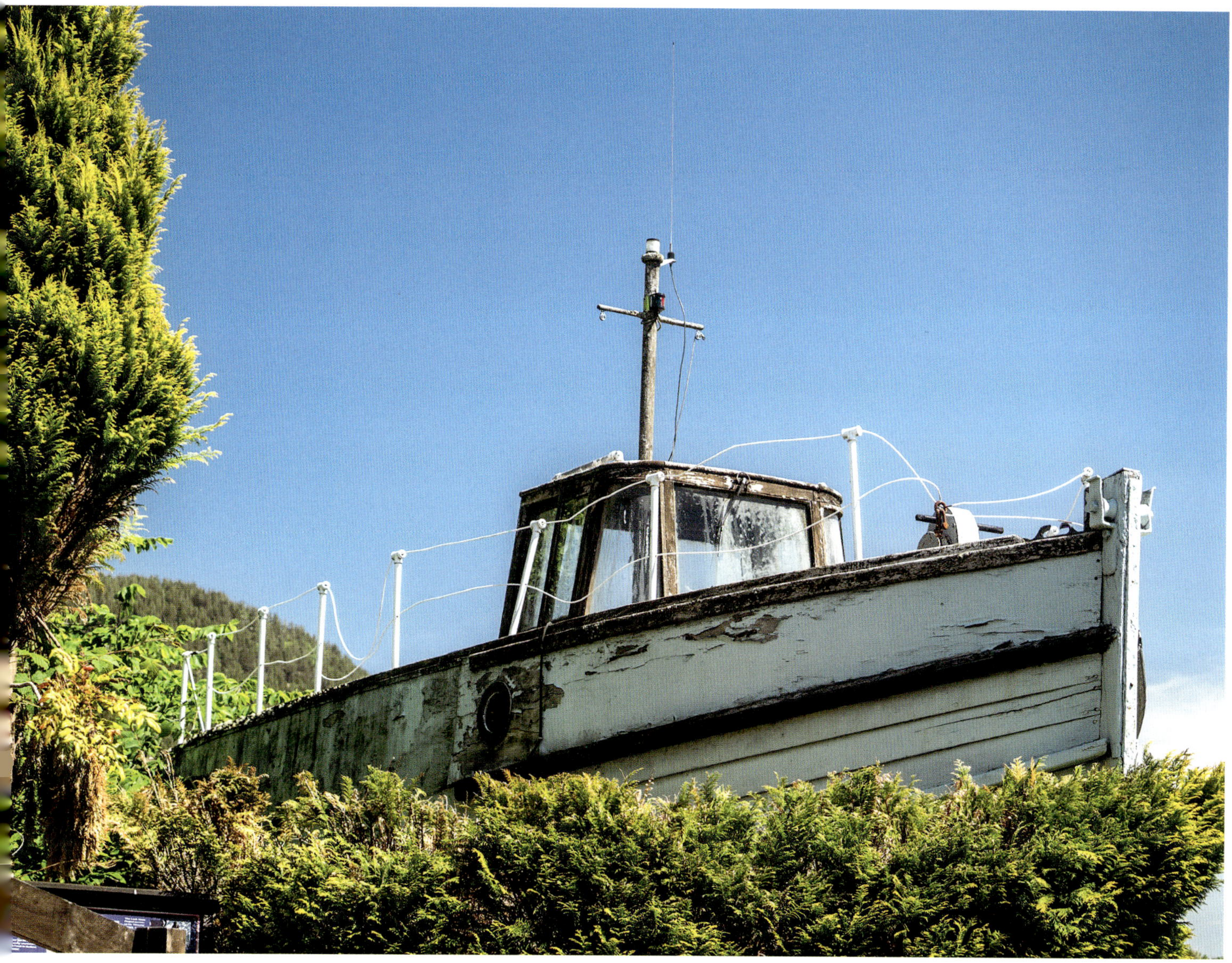

Welcome
to
Loch Ness
Your Journey Today
Your Journey Today

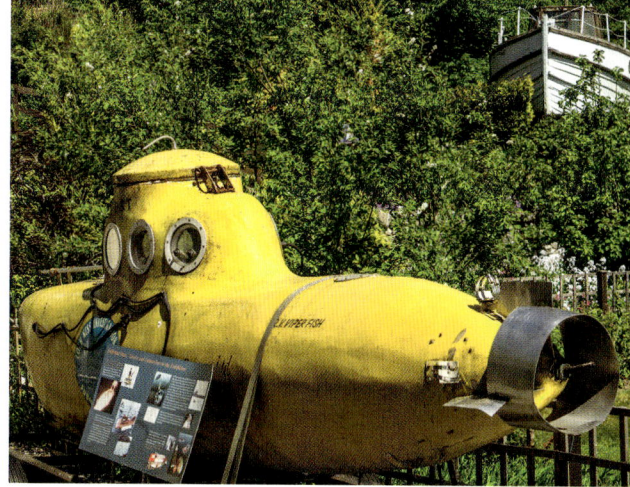

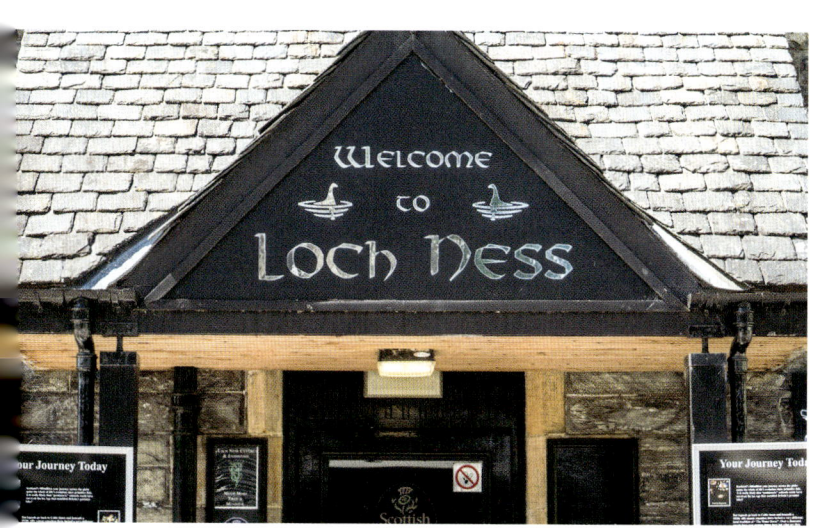

11
BEN NEVIS

THE BEN NEVIS DISTILLERY
2 Millionen Liter pro Jahr
2 Wash Stills, 2 Spirit Stills

Loch Bridge, Fort William PH33 6TJ
Besucherzentrum 0044 (0)1397 702476
www.bennevisdistillery.com
colin@bennevisdistillery.com
Highland Single Malt
Water van de Mill Burn (Allt a'Mhuilinn)
Eigentümer: Nikka - Ben Nevis Distillery Ltd

Am Fuße des Ben Nevis, Großbritanniens höchstem Berg, liegt die Ben Nevis Distillery kurz hinter Fort William, einer viel besuchten Stadt am Caledonian Canal. Der Besucherstrom ist ein unübersehbarer Standortvorteil der Brennerei. Fort William ist bestens geeignet, um die schottische Westküste zu bereisen. Die Brennereien sind hier zwar nicht so reich gesät wie in der Speyside, aber die hiesigen Destillerien sind nicht weniger attraktiv und liefern beste Qualität, und dazu gibt es ein reichhaltiges Angebot an Kultur und Natur gleich nebenan.

Ben Nevis Distillery freut sich über Besucher, aber wie anderswo empfiehlt es sich für Gruppen, vorab zu buchen. Der Brennereimanager Colin Ross ist ohne Zweifel eine Galionsfigur der Whisky-Branche. Das Besucherzentrum leitet John Carmichael, der mit seinem Team den Whisky-Liebhabern Rede und Antwort steht. Über Empfang und Laden gibt es einen weiteren Empfangsraum, in dem Tastings und andere VIP-Events durchgeführt werden. Im Verkaufsraum kann man die Wall of Fame bewundern: Dutzende Medaillen sind ausgestellt, die in allen möglichen Wettbewerben gewonnen wurden, darunter die Gold- und Silbermedaillen des belgischen Instituts „Monde Selection". Man kann sie wegen des abgebildeten Atomiums kaum übersehen. Der Besuch beginnt mit einem einleitenden Film mit dem Riesen Hector MacDram in der Hauptrolle. Auf unterhaltsame Art wird die Entstehung der Lochs des Ben-Nevis-Gebirges erklärt - die Seen, aus denen die Ben Nevis Distillery ihr Wasser bezieht. Die Führung ist gut strukturiert und sehr informativ.

Zwischen den Gärbottichen aus Holz riecht es nach Hefe, fruchtiger Gärbrühe und dem Kohlendioxid, das bei der Fermentierung entsteht. Auf dieser Stufe der Whisky-Herstellung könnte man sich ebensogut in einer Bierbrauerei befinden. Die Destillationshalle sieht ein bisschen anders aus als sonst. Die Brennblasen verbergen sich hier nicht unter dem Arbeitsboden, sondern sind so aufgestellt, dass man sie bis hinauf zum Lyne Arm bewundern kann. Aus Platzmangel sind die Kondensatoren im Gebäude

untergebracht, ebenfalls im Unterschied zu anderen Brennereien, wo sie im Freien stehen, um die niedrigeren Außentemperaturen zu nutzen.

Die Lagerhäuser erkennt man sofort an der rußig schwarzen Farbe der Außenwände. Der schwarze Schimmel verrät, dass hier Fässer mit reifendem Whisky gelagert werden, denn der Schimmel entsteht durch den verdampfenden Alkohol aus den Fässern. Den nennt man auch Angels' Share (Engelsanteil).

Die Ben Nevis Distillery hält auch einige Highland-Kühe, die sich mit ihrer schieren braunen Fellmasse hervorragend als Fotomotiv eignen. Man muss nur aufpassen, wenn ihre gefährlich scharfen Hörner sich plötzlich in Bewegung setzen.

Weniger sportliche Touristen können die Nevis Mountain Range nur wenige Meilen weiter auch per Seilbahn besuchen. Wanderer auf dem Weg zum Ende des Glen Nevis, das Tal seitlich von Ben Nevis, führt über eine Brücke zu einem spektakulären Wasserfall. Eine andere Sehenswürdigkeit ist das Commando Memorial bei der Spean Bridge ein Stück weiter nördlich.

Aus dem Schrotbehälter kommt das Malzschrot in den Maischebottich.

Die Brennblasen der Ben Nevis Distillery haben ihre eigene Form.

Nur ein Stück außerhalb der Stadt Fort William liegt das Besucherzentrum der Brennerei Ben Nevis. Die gute Erreichbarkeit und ein beständiger Besucherstrom sprechen für die Vorabbuchung.

Alle mögliche Anzeigen dienen der Produktionskontrolle, um Abweichungen zu vermeiden.

Die Brennblasen aus Kupfer geben dem Whisky einen besonderen Geschmack, den man durch Stahl nicht erzielen kann.

ZEITLEISTE

1825 gegründet von John McDonald

1862 Bau des Lagerhauses an der Stelle des heutigen Besucherzentrums

1955 Joseph Hobbs

1989 Kooperation mit Nikka

ABFÜLLUNGEN

Glencoe Cask Strength, Blend

10, 13, 15, 21, 25 und 26 Jahre alt

Port-aged, diverse Limited Editions

Diverse unabhängige Abfüllungen. 30, 36, 38, 40 und 42 Jahre alt

Der Caledonian Canal liegt zwischen Inverness und Oban: eine Abfolge von Lochs, durch Kanalanlagen verbunden.

Die Harry-Potter-Filme haben diese Eisenbahnbrücke weltberühmt gemacht.

Glenfinnan ist eins der schönsten Täler Schottlands, gelegen zwischen Fort William und der Westküste.

In Schottland darf man überall wandern und campen. Die Freiheitsidee ist ziemlich einfach: Jeder Schotte darf gehen und stehen, wo er will. Zäune zu ziehen, um das Eigentum abzugrenzen, sind überwiegend Tabu.

12
TALISKER

THE TALISKER DISTILLERY
2,6 Millionen Liter pro Jahr
2 Wash Stills, 3 Spirit Stills

Carbost, Skye IV47 8SR
Besucherzentrum 0044 (0)1478 614308
Isle of Skye Single Malt
Hawk Hill bron
Inhaber: Diageo PLC

Zur schottischen Westküste geht es von Fort William durch „Harry-Potter-Land" (viele Aufnahmen für die Filme wurden hier gemacht). Der bekannteste Ort ist wahrscheinlich Glenfinnan, wo man noch immer einige Eisenbahnwaggons des Zuges von Harry Potter sehen kann. Die Dampfeisenbahn auf dem Eisenbahnviadukt ist im Sommer eine große Attraktion. Weiter oben im Fischereihafen Mallaig kann man die Fähre auf die Isle of Skye nehmen. Die kurze Überfahrt geht nach Armedale im Südwesten der Insel. Wir nehmen die bezaubernde Küstenstraße in Richtung Carbost, wo die Brennerei Talisker zu Hause ist.

Talisker Distillery bietet Touristen einfachen Zugang. Hiesige Abfüllungen gehören zu den Classic Malts, eine der Serien der internationalen Holding Diageo. Das Spektrum der Holding ist ganz sicher kein kleines: Die Reihe Classic Malts of Scotland mit ihren sechs Single Malt Scotch Whiskys wurde von United Distillers zusammengestellt, die inzwischen zur Diageo-Gruppe gehören, um die schottischen Whisky-Regionen vorzustellen. In vielen Bars und Spirituosenläden werden die Classic Malts zusammen angeboten. Derzeit gehören dazu Dalwhinnie, Oban, Lagavulin und Glankichie. Eine Besichtigung bei Talisker ist unterhaltsam, aber auch eindeutig auf die Promotion eigener Produkte ausgerichtet. Wie in allen Brennereien von Diageo ist die Handschrift der Holdinggesellschaft unverkennbar.

Da es auf der Isle of Skye nur diese eine Brennerei gibt, kann man von einem sehr besonderen Malt sprechen. Und aus der wunderschönen Naturumgebung kommend, steht man plötzlich vor der Destillerie. Manche finden das ein bisschen unvermittelt, aber für Schottland ist das ganz normal.

Das Malz für Talisker stammt aus einer industriellen Mälzerei der Diageo-Gruppe, die das Malz für verschiedene Destillerien herstellt, je nach den speziellen Anforderungen der jeweiligen Brennerei. Das Wort industriell - in Schottland spricht man eher von mechanisch - ist nicht abwertend gemeint. Fortschritt und Modernisierung sollte man nicht

negativ betrachten: Mechanische Mälzereien liefern allerbeste Qualität, ein ums andere Mal.

Das leicht getorfte Malz verströmt in der Maische- und Gärhalle sein typisches Aroma. Man kann schon riechen, dass das Endprodukt ein angenehm geräucherter Malt Whisky sein wird. Zwei Wash Stills beliefern drei Spirit Stills, deren Inhalt schließlich in separate Brandbehälter geleitet wird. Besucher fragen meist, ob das nicht zu drei unterschiedlichen Resultaten führt. Meistens erhält man zur Antwort nur ein Achselzucken. Die Überlegung würde jedenfalls einem Brennmeister keine schlaflosen Nächte bereiten, denn am Ende kommt sowieso alles in einen großen Mixbehälter, bevor die Fässer damit befüllt werden. Ist das ein typisch schottisches Mysterium ohne plausible Erklärung?

Talisker Malt hat ein klares, aber nicht zu intensives Raucharoma, hinzu treten Gewürze (Pfeffer), Kandis und ein leicht salziger Touch. Talisker Malt wird in aller Welt als angesehener Single Malt geschätzt. Zurück nach Fort William geht es über die Skye Bridge (A87) nach Eilean Donan Castle, eine der meistfotografierten Burgen Schottlands. Gleich hinter dem Abzweig rechter Hand auf die A887 sieht man einen Steinhügel aus Cairns (Felsbrocken). Er erinnert an Willie MacRae, der hier 1985 unter ungeklärten Umständen zu Tode kam. Es wird vermutet, dass der ermordete Anti-Atomkraft-Politiker mehr wusste, als jemandem lieb war.

Der Inhalt der drei separaten Brandbehälter wird einzeln kontrolliert und dann nach jedem Lauf zusammengeführt.

Die Brennerei Talisker ist wunderschön gelegen nahe einem Zugang zum Meer. Die Gezeitenrinne riecht nach Algen und Tang.

Bald darauf erreichen wir das berühmte Glen Garry. Das Tal des Flusses Garry, der von Loch Quoich ostwärts zum Loch Garry fließt, liegt in der Grafschaft Inverness-shire. Früher gehörte es der Familie MacDonnell aus Glengarry. 1794 stellte ein Mitglied der Familie ein Regiment zusammen, die Glengarry Fencibles, von deren Soldaten viele zwischen 1802 und 1804 ins kanadische Glengarry County in Ontario auswanderten. Dort fand das Regiment wieder zusammen und kämpfte im Britisch-Amerikanischen Krieg von 1812 gegen die einfallenden Amerikaner. Der Blick über Loch Garry und das Tal ist atemberaubend und macht jeden Betrachter zum Bewunderer der schottischen Weiten.

ZUGEHÖRIGE BRENNEREIEN

Clynelish, Cardhu, Blair Athol, Cragganmore, Royal Lochnagar, Lagavulin, Caol Ila, Glen Ord, Dalwhinnie, Oban, Glenkinchie

ZEITLEISTE

1830 gegründet von Kenneth und Hugh MacAskill
1898 Fusion mit Dailuaine Distillery
1925 DCL
1960 Wiederaufbau nach einem Brand
1998 neuer stählerner Maischebottich

ABFÜLLUNGEN

Talisker

10, 18, 25 und 30 Jahre alt

57° north

Storm

Port Ruighe

In regelmäßigen Abständen: Talisker Distillers Edition Double Matured

Hilfsbereite und passend gewandete Guides liefern die gewünschten Antworten bei einem Besuch auf Eilean Donan Castle.

Touristen wird regelmäßig der Marsch geblasen.

Die meisten Einwohner waren gegen den Bau der Skye Bridge. Natürlich macht es die Überfahrt aufs Festland bedeutend einfacher, andererseits muss die Brücke häufig wegen Sturm gesperrt werden.

Das Panorama der Ben Nevis Mountain Range. Dutzende Mal jedes Jahr macht sich ein Spezialteam auf den Weg, um schlecht ausgerüstete Wanderer in den Bergen zu retten. Und trotzdem sind immer wieder Todesopfer zu beklagen.

Zwischen Eilean Donan und Glengarry. Auf dem Feld bauen Menschen Steinhaufen zur Erinnerung an den ungeklärten Tod des Politikers Willie MacRae, der vermutlich zu viel wusste.

Das Commando Monument an der Spain Bridge. Ein viel besuchter Ort, der an die Opfer verschiedener Kriege erinnert.

Der Caledonian Canal reicht von Loch Ness im Norden über Loch Lochy in der Mitte und erreicht über Loch Linahe wieder das Meer.

Schafhaltung ist in ganz Schottland ein wichtiger Erwerbszweig. Meistens laufen die Schafe frei herum und Autofahrer müssen ständig auf der Hut sein.

Mit wachsamem Auge kann man überall in Schottland das Wild beobachten.

Das majestätische Tal Glencoe nördlich von Oban

Unwirtliches Schottland, wo Schäfer es nicht leicht haben, wenn sie ihre verlorenen Schäfchen aufspüren müssen.

Dunkle Wolken und Regen sind ein Segen für Schottlands Whisky-Produzenten.

Wegen der Feuchtigkeit leiden viele Bäume und Wälder in Schottland unter Parasitenbefall und schädlichen Moosen.

Glen Orchy mit dem Wildgewässer Orchy, östlich von Oban

Hochlandmoor nahe Glencoe

Oban ist ein beliebter Ausgangspunkt, um die Western Isles zu bereisen. Kleine Boote bringen Touristen zu Vogelnistplätzen und Robbenkolonien.

Das Great Glen, auch als Glen Albyn (Schottischer Glen) oder Glen More (An Gleann Mòr) bekannt, ist ein 100 Kilometer langes Tal zwischen den Ufern des Moray Firth bei Inverness und Fort William am nordöstlichen Ende von Loch Linnhe. Das Great Glen ist eine bedeutende geologische Verwerfung, die die North West Highlands von den Grampian Mountains trennt und von Inverness im Nordosten über Fort Augustus und Fort William bis nach Oban im Südwesten verläuft.

Zwar besitzt Oban nicht so viel Industrie wie Inverness, ist aber genauso touristisch. Das Städtchen eignet sich gut als Ausgangspunkt für den Besuch zahlreicher Inseln, auch auf angebotenen Naturexpeditionen. Das Angebot an Hotels ist ebenso groß wie die zahlreichen Restaurants berühmt sind für die besten Meeresfrüchte- und Fischgerichte in ganz Schottland. Man kann außerdem die gleichnamige Brennerei besuchen.

In Taynuilt ein paar Meilen landeinwärts kann man das Inverawe Smokehouse besuchen, eine Lachsräucherei, die den besten schottischen Lachs sowie anderen Fisch und Wild traditionell über Eichenholz räuchert. Das verleiht dem Fisch oder Fleisch einen weichen, aber intensiven Geschmack und einen rauchigen Nachgang. Im Räuchereiladen kann man all die Delikatessen kaufen oder online bestellen. Der Besuch ist unbedingt zu empfehlen. Lachs und Whisky passen hervorragend zueinander, und nach einer klassischen Tour kann man nach einem Tasting fragen. Von der Räucherei gehen mehrere markierte kurze Wanderwege aus.

Der pittoreske Hafen hat zahlreiche Hotels und B & Bs zu bieten. Besonders beliebt bei Besuchern sind frischer Fisch und Meeresfrüchte.

McCraig's Tower ähnelt dem Colosseum und ist ein Park, der eine atemberaubende Aussicht über das Städtchen Oban erlaubt.

Nur wenige Lachsräuchereien kann man noch besuchen. Die meisten Räuchereien und Lachsgeschäfte sind heute in norwegischer Hand. Verpassen Sie also die Gelegenheit nicht, solange es noch geht.

Meistens kann man den lokal geräucherten und verpackten Räucherfisch vor Ort probieren.

Nahe gelegene Hotels bieten häufig lokale Produkte an.

13

SPRINGBANK

THE SPRINGBANK DISTILLERY

7,5 Millionen Liter pro Jahr

1 Wash Still, 2 Spirit Stills

Campbeltown, Argyll PA28 6EJ

Besucherzentrum 0044 (0)1586 552085

www.springbankwhisky.com

Campbeltown Single Malt

Crosshill Loch

Inhaber: J. & A. Mitchell

Wir nehmen die Küstenstraße von Oban entlang der Halbinsel Kintyre zur Brennerei Springbank. Auf dem Weg nach Campbeltown wechseln sich Strände und Seepanorama ab, bis wir die Hafenstadt erreichen, da wo die Halbinsel schmaler wird und schließlich zum Mull of Kintyre wird, den Paul McCartneys Hit bekannt gemacht hat. Wenn man vor einhundert Jahren mit dem Boot nach Campbeltown fuhr, hatte man ein unvergessliches Erlebnis, wenn das Schiff zwischen Macringan's Point und den Felsen von Davaar Campbeltown Loch erreichte und man vom Anblick eines geschäftigen Hafens belohnt wurde: geblähte Segel, Masten, Taue, alles was zu einer großen Heringsflotte gehört – und im Hintergrund an die zwanzig Schornsteine, von denen jeder einzelne für die Whisky-Branche steht, die an diesem einsamen Außenposten in Kintyre gleich an zweiter Stelle kommt.

Diese Zeiten sind lange vorüber. Die Heringsfangflotte ist verschwunden und ebenso die Schornsteine der Brennereien von Campbeltown, die der Stadt einst den Titel „Welthauptstadt des Whiskys" eintrugen. Nur drei Destillerien sind übrig geblieben, darunter eine, die sich ihrer mehr als 200 Jahre alten Geschichte rühmen kann.

Die Springbank Distillery liegt mitten in Argyll und ist bemerkenswerterweise seit 1828 in Familienhand. Noch früher wurde in Campbeltown schwarzgebrannt, aber dann wurde Springbank als Lizenzbrennerei gebaut und die Familie brannte von Anfang an einen hochklassigen weichen Malt. Alles in allem sind die Geschichten des Whiskys von Campbeltown, der Springbank Distillery und der Familie Mitchell so verwoben, dass es eigentlich eine einzige ist.

Heutzutage wirkt eine Brennerei in einer Wohngegend eher unpassend. Der Eingang liegt mitten in einer Einkaufsstraße und die verschiedenen Gebäude der Brennerei verteilen sich über mehrere Straßenzüge. Hier findet sich echte Authentizität, denn vom Mälzen bis zum Abfüllen findet alles vor Ort statt. Der derzeitige Brennereimanager erklärt jedem, der es hören will, dass es „bei der Whisky-Herstellung keine

Geheimnisse gibt". Die Springbank Distillery ist eine jener Brennereien, die ihre Türen für Besucher geöffnet hält. In den Keimbottichen weicht die Gerste aus Kintyre, bis sie eine Feuchtigkeit von 55 Prozent erreicht hat, und wird dann auf der Malztenne ausgebracht, die bis zu zehn oder zwölf Tonnen aufnehmen kann. Industriell gemälzte Gerste kommt in Springbank nicht zum Einsatz. Nach der Keimung wird das Malz auf der Darre getrocknet: Sechs Stunden lang, wenn sie für den Springbank Single Malt verwendet wird, oder vierzig Stunden für den Longrow, den anderen Single Malt der Brennerei. Der verwendete Torf stammt von der schottischen Ostküste, der Zucker aus dem Malzschrot wird in altmodisch wirkenden Maischebottichen gewonnen. Im Unterschied zu denen aus Stahl geben die Holzbottiche der Gärbrühe einen besonderen Geschmack.

Noch besonderer und seltener ist die Art des Brennens selbst: Oft fälschlich als dreifache Destillation beschrieben, handelt es sich tatsächlich um eine zweieinhalbfache. Die Low Wines der ersten Brennstufe werden in zwei Hälften geteilt, von denen die eine in einer zweiten Brennblase destilliert wird. Das so gewonnene Destillat wird dann wieder der undestillierten Hälfte zugeführt und das Ganze wird in einer dritten Brennblase destilliert. Das dient dazu, dem Springbank Malt seinen besonderen weichen, sanften Touch zu geben und gleichzeitig einen hohen Alkoholgehalt zu gewährleisten.

Das zweite Produkt aus Springbank, Longrow, wird herkömmlich in zwei Brennblasen destilliert. Das dafür verwendete getorfte Malz verleiht diesem Whisky einen Charakter, der dem von Islay nahekommt.

Ein dreifach destillierter ungetorfter Whisky ist der Hazelburn Single Malt, der 1997 eingeführt wurde. Diese neue Spirituose wird mit Wasser aus der Gegend auf 65 % vol. verdünnt, bevor man ihn in Fässer abfüllt. Jedes Fass wird nummeriert, bekommt Etikett und Barcode. Auf diese Weise können der Warehouse Manager und die Steuerbeamten den Bestand und die Qualität kontrollieren. In Springbank werden viele verschiedene Arten Fässer verwendet, weswegen immer wieder neue, besondere Abfüllungen auf den Markt kommen. Zum Beispiel kann ein Whisky in Pinot-Noir-Rotweinfässern aus Neuseeland gereift sein. Auch das personalaufwendige Abfüllen wird auf dem Brennereigelände erledigt, was diesen Whisky noch einzigartiger macht. Die meisten Brennereien lassen ihren Whisky in großen Abfüllanlagen abfüllen, hier wird im Gegensatz dazu lokales Wasser verwendet, um den Whisky auf den gewünschten Alkoholgehalt zu verdünnen.

Die Entscheidung für einen Springbank Whisky ist eine sehr persönliche Angelegenheit. Die Nuancen lassen sich nur entdecken, wenn man mehrere Vintages probiert, die allesamt den Springbank Malt zu einem komplexen und aufregenden Malt machen: ein einzigartiger Whisky aus einer einzigartigen Brennerei.

In der Abfüllhalle wird nicht nur der Inhalt in Litern verzeichnet, sondern meistens auch das Gewicht des leeren und des vollen Fasses.

Im Hof der Springbank Distillery warten die gefüllten Fässer auf den Clarckman.

Die Springbank Distillery wirkt sicher nicht gerade modern. Innovation gab es hier schon ein ganzes Weilchen nicht mehr. Aber der Eindruck täuscht: Alle modernen Fertigungsmethoden und Verbesserungen haben auch hier Einzug gehalten.

ZUGEHÖRIGE BRENNEREIEN

Kilkerran Distillery

ZEITLEISTE

1828 Gründung

1837 John & William Mitchell

1897 J. & A. Mitchell & Co. Ltd

1926 stillgelegt

1935 Wiedereröffnung durch J. & A. Mitchell Co. Ltd

ABFÜLLUNGEN

Altersstufen: 10, 12, 15 und 21 Jahre, 25, 30, 35, 40, 45 und 50 Jahre

Andere Abfüllungen dieser Brennerei:

Longrow, Hazelburn

Eine begrenzte Auswahl diverser Abfüllungen, von 10 bis 50 Jahren.

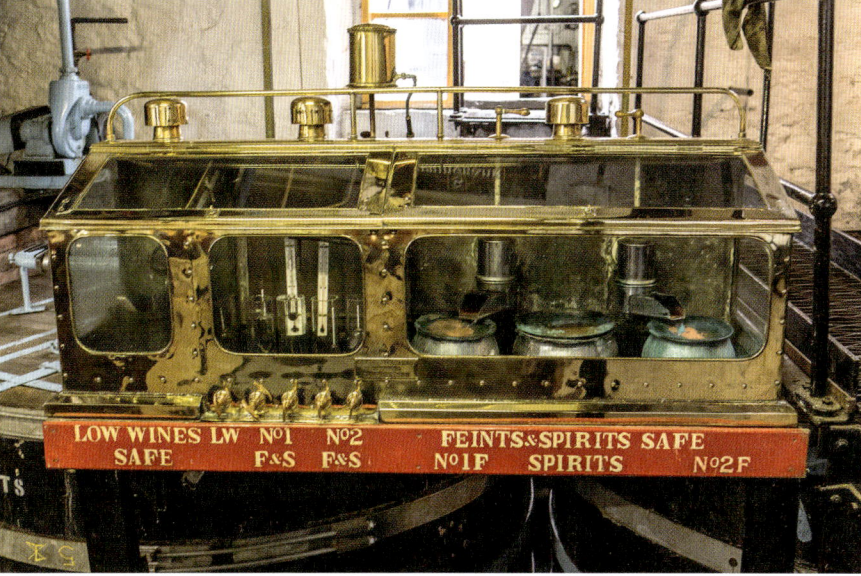

Der Spirit Safe, den der Low Wine durchläuft und in dem in einem späteren Schritt der Brand vom Vorlauf (Foreshot) und dem Nachlauf (Feints) getrennt wird.

Kleine Kirche mit altem Kirchhof in Luss (Loch Lomond)

Denkmal für Kriegsgefallene in Inveraray

Auf ein Tal folgt das nächste zwischen der Küste und Loch Lomond. Die Fahrt durch Argyllshire ist das reinste Vergnügen.

14
AUCHENTOSHAN

THE AUCHENTOSHAN DISTILLERY

1,65 Millionen Liter pro Jahr

1 Wash Still, 1 Low Wines Still, 1 Spirit Still

Dalmuir, Clydebank, Dunbartonshire G81 4SJ

Besucherzentrum 0044 (0)1389 878561

www.auchentoshan.com

Lowland Single Malt

Cochna Loch-water

Eigentümer: Beam – Morrison Bowmore Distillers – Suntory

Die schottische Grafschaft Argyllshire ist vor allem für ihre Musik berühmt. Folk Singer haben Hunderte CDs und DVDs aufgenommen, nicht nur für Einheimische, sondern ebenso für Touristen, die ein Stück vom guten alten Bonnie Scotland mit nach Hause nehmen möchten. Ebenso bezaubern das wunderschöne Meerespanorama und die Inseln Besucher und Einheimische gleichermaßen.

Die Grafschaft liegt an der schottischen Westküste. Im Norden liegt der District Argyll and Bute, im Osten Loch Lomond und The Trossachs und im Süden und Westen Firth of Clyde und der Atlantik. Die größten Inseln der Gegend sind Isle of Mull, Islay und Jura.

Wenn die Glasgower übers Wochenende rauswollen, fahren sie nach Inveraray. Die Stadt ist wunderschön gelegen am Ufer des Loch Fyne und wird auch das weiße Dorf genannt. Es eignet sich gut, um von dort aus die Westküste und das Innere von Argyll zu bereisen. Die malerische Stadt bietet alle Annehmlichkeiten, darunter ein altes Stadttor und einen Hafen. Nicht weit entfernt ist das hübsche Schloss des Duke of Argyll aus dem 18. Jahrhundert. Ein Besuch lohnt sich, schon wegen der großartigen Waffensammlung. Eine beliebte Station auf einer Tour in der Gegend von Loch Lomond ist Luss. Dort gibt es das Besucherzentrum des Nationalparks Loch Lomond & The Trossachs, und auch Dampferfahrten auf dem Loch Lomond starten hier. Außerdem kann man von dort aus ausgedehnte Wanderungen unternehmen. Der Nationalpark The Trossachs zeichnet sich durch herrliche Ansichten aus, vor allem im Herbst. In der Urlaubszeit ist die Region gut besucht, weil Einwohner von Glasgow und Umgebung hierher kommen, um ein bisschen Natur zu genießen. Ziel des Nationalparks ist es, Natur und Kulturerbe zu schützen und zu fördern.

Auf der A82 südlich von Loch Lomond geht es zur Brennerei Auchentoshan („Ecke des Feldes"), die man schon an der ausgemusterten Brennblase davor erkennt. Die Destillerie ist in bestem Zustand und heißt Besucher willkommen. Die Gebäude sehen immer so aus, als wären sie gerade frisch gestrichen worden. Zwar ist die Produktion nicht sehr groß – rund 1,6 Millionen Liter – aber diese Tiefland-Brennerei liegt günstig. Viele Reisende machen auf dem Weg nach Norden Station, zumal man sie kaum übersehen kann, wenn man von Glasgow nach Loch Lomond fährt.

Bevor die japanische Suntory übernahm, gehörte die Auchentoshan der Firma Morrison Brownmore Distillers. Inzwischen gehört sie zum Portfolio von Beam, einer noch größeren Holdinggesellschaft. Im hübschen Empfangsbereich gibt es gut designte Informationstafeln. Man freut sich über Besucher und bietet an sieben Tagen der Woche geführte Rundgänge an.

Der große Maischebottich mit dem Deckel aus Kupfer und der Holzverkleidung mag alt aussehen, ist tatsächlich aber aus Stahl.

Authentisch sind die ordentlich aufgereihten Gärbottiche aus Oregon Pine (Douglasie). Nach jedem Gärvorgang müssen die Bottiche sorgsam gereinigt werden, damit sich keine Bakterien ausbreiten können.

In der Brennhalle bestimmen drei Brennblasen das Bild. Die Brennerei destilliert nach der irischen Methode dreifach, weswegen der Whisky aus Auchentoshan den höchsten Alkoholgehalt aller schottischen Whiskys hat: 80 % vol.

Die Brennerei wirbt damit, den einzigen dreifach destillierten Single Malt Scotch zu brennen. Fast alle schottischen Whiskys werden zweifach gebrannt, während die irischen dreimal destilliert werden. Da bei der Dreifachdestillation „schwerere" Anteile entfernt werden, wird der Whisky leichter: weniger Körper, dafür mehr fruchtiger Ester im Aroma. Früher haben mehr Brennereien in Schottland die Dreifachdestillation angewandt, verlegten sich aber aus Kostengründen auf die zweifache. Zum Beispiel begann Talisker 1831 mit Dreifachdestillation und wechselte 1928 zur zweifachen. Auchentoshan dagegen startete mit zweifacher Destillation und wechselte um 1900 zur Dreifachdestillation.

Die Lagerhäuser können bis zu 20.000 Fässer aufnehmen. Durch die Verwendung alter Bourbon- und Sherryfässer (Oloroso und Pedro Jimenez) ergibt sich eine Palette an Abfüllungen. Ein Beispiel für diesen Tiefland-Whisky ist der mild-fruchtige und würzige Aperitif-Whisky. Klassische und After-Dinner-Whiskys aus Sherryfässern haben ein Aroma von Schokolade, Kaffee und Nüssen.

Der Tasting Room ist sehr ansprechend und wird auch für weitere Angebote genutzt.

Von der Auchetoshan Distillery ist es nicht weit zu den Flughäfen von Glasgow und Edinburgh. Oder man nimmt die Fähre vom europäischen Festland (aus IJmuiden in Holland) nach Newcastle, von dort aus liegt die Brennerei nur ein paar Autostunden entfernt.

Offener Maischebottich

Die hölzernen Gärbottiche sind aus Douglasie (Oregon Pine).

Mit der süßen Getreidebrühe kann der Gärvorgang beginnen.

ZEITLEISTE

1823 gegründet
1960 J. & R. Tennant Brewers
1974 Eadie Cairns Ltd.
1984 Stanley P. Morrison
1994 Übernahme durch Suntory
2004 neues Besucherzentrum
64 Jahre, abgefüllt 1937

ABFÜLLUNGEN

12, 18 und 21 Jahre alt

22 and 25 Jahre in Keramikflaschen

Tree Wood

Valinch, American Oak

Diverse Wine Finishes, Vintages und Single Cask Selections

Ältere Limited Editions sind ausgesprochen gesucht.

Fässertypen Hogshead (245 Liter) und Butt (480 Liter)

Die Dreifachdestillation ist eine Besonderheit von Auchentoshan.

Loch Fyne

Das leicht salzige Wasser ist bestens geeignet zum Entsalzen von Austern.

Die Hafenstadt bietet sich an zur Übernachtung auf dem Weg nach Islay.

Islays Trumpf ist der Torf, es ist eine Schatztruhe für die Herstellung getorften Whiskys. Wegen der besonderen Vegetation und der geografischen Lage ist der Torf aus Islay einzigartig in Schottland.

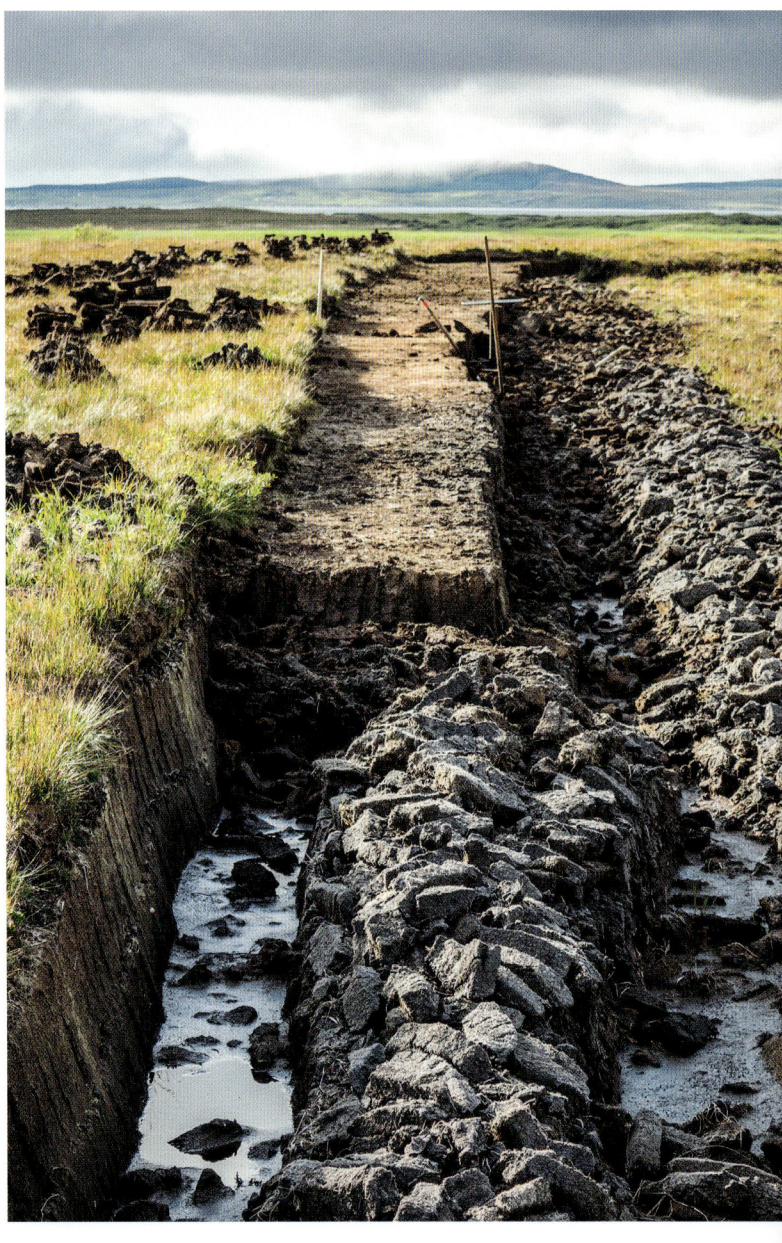

Torfabbau am Ufer von
Loch Indaal

Viehhaltung sieht man in Schottland überall. Das ausgedehnte Weidegrün sorgt für exzellentes Fleisch.

Die Küste von Islay bietet Lebensraum für Otter und Robben.

Das Cottage ist idyllisch gelegen, wenn es nicht gerade stürmt.

Wanderungen auf den Kliffs sind stets gefährlich, außerdem muss man als Wanderer stets auf plötzliche Windstöße gefasst sein, weil das Meer so nahe ist.

15
BUNNAHABHAIN

THE BUNNAHABHAIN DISTILLERY
2,5 Millionen Liter pro Jahr
2 Wash Stills, 2 Spirit Stills

Port Askaig, Isle of Islay PA46 7RR
Besucherzentrum 0044 (0)1496 840646
http://bunnahabhain.com
Highland Single Malt
Margadale River
Eigentümer: Burn Stewart Distillers

Die Insel Islay (ausgesprochen Eila) ist das Mekka vieler Whisky-Fans. Zurzeit leben auf der Insel 3000 Menschen, von denen die meisten in der Landwirtschaft, mit Jagd und Fischerei ihr Geld verdienen. Aber die Whisky-Branche steht auf der Liste der wirtschaftlichen Tätigkeiten ganz oben. Der damit verbundene Whisky-Tourismus führte zu einem breiten Angebot an Hotels, Restaurants, Pensionen und Läden für lokale Produkte sowie an touristischen Angeboten. Am romantischsten ist die erste Begegnung mit Islay vom Meer aus. Fünfmal täglich verkehren Fähren zwischen Kennacraig und Port Askaig oder Port Ellen. Wer nicht das Schiff nehmen möchte, kann von Glasgow nach Glenegedale fliegen. Wenn das Wetter es zulässt, gibt es täglich eine Verbindung. Vom Flughafen kann man mit dem Mietwagen weiterfahren, aber es empfiehlt sich unbedingt, vorab zu buchen.

Die Bunnahabhain Distillery – der Name bedeutet Flussmündung – schmiegt sich an die Küste des Sound of Islay, etwas nördlich der Caol Ila Distillery, und ist nur erreichbar über eine schmale, zehn Kilometer lange Küstenstraße. Für Lastwagen oder Busse kann die Fahrt recht abenteuerlich werden. Die Straße wurde eigens für die Brennerei gebaut und geht kurz vor Port Askaig rechts ab. Weil Bunnahabhain so abgelegen ist, hat das Management in direkter Nachbarschaft Wohngebäude und eine Schule errichtet, außerdem gibt es einen Laden. 2003 kaufte Burn Stewart die Brennerei, die fast stillgelegt worden wäre, und hat Bunnahabhain damit gerettet. Die Küstenstraße verläuft entlang der schmalen Meerenge zwischen den Inseln Islay und Jura.

Der derzeitige Manager Andrew Brown sprudelt nur so vor Ehrgeiz und Zuversicht. Wie viele Brennereimanager weiß er, dass Qualitätssicherung besonders wichtig ist, denn Single Malt ist ein teures Luxusprodukt. Und trotzdem verströmt die Brennerei eine gewisse Gelassenheit, und als Besucher gewinnt man den Eindruck, dass das Stresslevel hier niedriger ist als anderswo. Die Whisky-Herstellung unterscheidet sich nicht von anderen Destillerien, als Besonderheit

verfügt Bunnahabhain aber über den größten Maischebottich in ganz Schottland.

In Bunnahabhain sind sie nicht zögerlich, wenn es um neue und innovative Ageings geht. Wenn andere Destillerien ihr Finishing durch gewöhnliche Fässer erzielen, geht Bunnahabhain einen Schritt weiter und kommt zu sehr guten Resultaten mit der Reifung in neuen Amantillado- oder Manzanilla-Sherryfässern. Junge Malts mit einem Alter von vielleicht elf Jahren werden da schon mal auf 18 bis 25 Jahre geschätzt. Ähnlich erfolgreich sind die neueren getorften Whiskys. Auch unabhängige Abfüller werden für ihre Bunnahabhain-Variationen gerühmt. Man muss ganz klar sagen, dass ein echter Bunnahabhain nichts gemein hat mit den rauchigen Malts aus den benachbarten Brennereien an der Südküste von Islay. Bunnahabhain ist weich, leicht und fruchtig, aber kaum torfig. Das Wasser stammt aus Kalkgestein und wird durch Rohre in die Brennerei geleitet, daher nimmt es Torf- und andere Aromen nicht auf. Weiche und Fülle sind die besonderen Eigenschaften der Destillate aus dem Jahr 1997.

Ein zwölf Jahre alter Bunnahabhain ist der perfekte Begleiter zu Meeresfrüchten. Leicht salziges und mild geräuchertes Lakritz verbinden sich mit einem leichten Touch von Anis.

Von der Brennerei aus sieht man die Fähre, die zwischen Feolin auf der Insel Jura und Port Askaig verkehrt. Es lohnt sich, die kurze Überfahrt von 20 Minuten zu unternehmen und Jura zu besuchen. Vogelkundler und Wanderer können an der Küste dort Adler und Seeottern beobachten, und in den Bergen der Insel leben Tausende Elche. Jura rühmt sich, mehr Wild zu haben als Menschen.

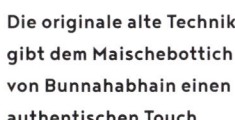

Eine kleine Bucht schützt die Wohnhäuser der Brennerei Bunnahabhain.

Die originale alte Technik gibt dem Maischebottich von Bunnahabhain einen authentischen Touch.

Zufriedenheit am
Arbeitsplatz oder Stolz,
Teil der Herstellung einer
kostbaren Spirituose zu sein.

Der sympathische Manager
der Brennrerei Bunnahabhain
wählt ein paar Fässer für
Single-Cask-Abfüllungen
aus.

ZEITLEISTE

1881 gegründet von William Robertson als Islay Distillery Company

1883 Beginn der Produktion

1887 Highland Distilleries & Co. Ltd.

1930-1937 stillgelegt

1963 zwei neue Brennblasen

1979 erster Bunnahabhain 12 years old

1982-1984 Produktion vorübergehend eingestellt

1999 Edrington Ltd

2003 Burn Stewart Distillers Ltd.

2006 erste Abfüllungen 18 und 25 Jahre alter Malts

2010 Einführung neuer nicht kühlfiltrierter Abfüllungen

ABFÜLLUNGEN

Altersstufen: 12, 17, 18, 25 und 40 Jahre

Ceobanach

Eirigh na Greine

Darach Ur

Cruach-Mhona

Rubha à Mhail

Toiteach

Diverse Jerez/Moscatel- & Manzanilla-Finishings

Islay Festival-Abfüllungen

Die Verwendung verschiedener Sherryfässer (Manzanilla, Amontillado, Oloroso etc.) ermöglicht eine breite Produktpalette.

Der alte Webstuhl sieht aus, als wäre hier die Zeit stehen geblieben. Aber das täuscht: Der Webstuhl ist noch in Betrieb für mehrere große Modehäuser und lieferte Kleidung für manchen historischen Schottland-Film.

Abgelegen an einem Fluss lieferte früher ein Wasserrad die nötige Energie.

16
BOWMORE

THE BOWMORE DISTILLERY
1 Million Liter pro Jahr
2 Wash Stills, 2 Spirit Stills

Isle of Islay, Argyllshire PA43 7JS
Besucherzentrum 0044 (0)1496 810441
www.bowmore.com
Islay Single Malt
Laggan River-water
Inhaber: Beam Suntory Inc

Die Insel Islay ist nur 30 Kilometer lang. Die wichtigste Straße, die A846, verbindet Port Ellen im Süden mit Port Askaig im Nordosten. Auf halbem Weg zwischen den beiden Hafenstädten liegt Bowmore, die Hauptstadt der Insel. Wenn man nach Islay kommt, empfiehlt sich ein Besuch in der Islay Woollen Mill gleich nördlich hinter Bowmore. Schottlands einzige Weberei wurde 1883 gegründet und 1981 wiedereröffnet. Sie ist ein traditioneller Familienbetrieb und produziert noch mit zwei Webstühlen aus viktorianischer Zeit für sein großes Sortiment an Teppichen, Schals, Mützen, Tweedjacken und Kilts wie auch unverarbeitete Stoffe.

Wenn wir am Ufer des Loch Indall weiterfahren, kommen wir ins kleine Städtchen Bowmore. Eine weiß getünchte Rundkirche am Ende der Hauptstraße überragt den Ort. Bowmore ist wie geschaffen zum Übernachten, es gibt schöne kleine Hotels, kleine Läden (darunter einer mit großem Whisky-Sortiment), gemütliche Pubs und exzellente Restaurants. Und mittendrin liegt versteckt zwischen Zentrum und Ufer die Bowmore Distillery.

Bowmore ist eine echte Perle unter den Brennereien und die älteste auf Islay. Zwei Rauchsäulen aus Schornsteinen in Pagodenform belegen, dass die Gerste vor Ort gemälzt wird. Allerdings wird nicht das gesamte Malz traditionell hergestellt, 70 Prozent des Bedarfs deckt eine moderne Mälzerei. Aber der Besuch der Mälzerei ist Teil jedes Rundgangs und das Schüren des Torffeuers in der Darre ein spektakuläres Erlebnis. Der Rundgang führt den Besucher vorbei an der Malzmühle zum Maischebottich, wo in zwei großen Kupferkesseln die Würze hergestellt wird. Als besonderes Merkmal dieser Brennerei wird hier im Produktionsablauf keine Energie verschwendet, denn die Resthitze dient der Beheizung eines nahe gelegenen Schwimmbads.

In der nächsten Halle sieht man hinter Glas hübsch aufgereiht die Gärbottiche. (Das Glas dient dem Schutz der Besucher, damit sie nicht von austretendem hochkonzentriertem Kohlendioxid benebelt werden.) Höhepunkt des Rundgangs ist die Brennhalle mit ihren vier Brennblasen. Die Lagerhäuser der Bowmore Distillery sind sehr

besonders. Einige sind Kilometer entfernt auf einem Hügel, andere stehen nicht weit von der Brennerei unten am Ufer. Vault No. 1 ist am bekanntesten, denn es befindet sich auf Meeresniveau und so dicht am Wasser, dass sich das auf den Reifeprozess des Whiskys in den Fässern auswirkt. Aus diesem Lager stammt eine Anzahl berühmter Special Editions. Abgerundet wird der Besuch durch den hübschen Spirituosenladen und einen VIP-Raum mit Blick übers Wasser. Auf der anderen Straßenseite gegenüber dem Malzsilo kann man die schmale Zuleitung erkennen, über die das Wasser aus dem Leggan River zur Brennerei gelangt.

Bekannte und limitierte Editions aus Bowmore nehmen in Whisky-Sammlungen weltweit einen Ehrenplatz ein, und für preisgekrönte Bowmore-Abfüllungen werden hohe Preise aufgerufen. Vintages wie 1957, 1964, 1968, 1969 und 1970 stehen in den Single Malt Whisky Charts auf den vorderen Plätzen. Erstaunlich ist der volle Flavour mit Toffee- und Fruchtaromen, der Rauch und Torf der älteren Vintages abmildert. Jüngere Abfüllungen schmecken mitunter stark nach Rauch und Torf, gelegentlich ein bisschen chemisch, während andere an Medizin erinnern. Aber längere Reifung und Lagerung verleiht mehr Reife und macht einen Bowmore noch voller und komplexer. Kein Wunder, dass Abfüllungen aus Bowmore regelmäßig bei Preisverleihungen die Medaillen abräumen.

Ein beglückendes Erlebnis ist der Loch Indaal, der größte See der Insel. Er hinterlässt einen bleibenden Eindruck.

Die Gerste wird gewendet, um die Temperatur unter Kontrolle zu halten.

Das Malzsilo über dem Maischebottich

Die Gerste wird mit Torf aus dem Torfofen geräuchert. Wie bei einer Dampflokomotive muss beim Feuer regelmäßig nachgelegt werden.

Wie ein Juwel liegt die Bowmore Distillery an den Ufern des viel gerühmten Loch Indaal.

Das Farbspektrum eines Single Malt reicht von leichtem Weißwein bis Kaffee. Nicht immer passen Farbe und Geschmack zueinander. Ein Oloroso-Sherryfass verleiht dem Whisky eine intensivere Farbe. Der hellere Fino-Sherry dagegen liefert eine hellere Färbung.

Zeitleiste

1779 gegründet von John Simpson
1852 W. & J. Mutter
1925 Sherriff's
1950 William Grigor & Sons Ltd
1963 Stanley P. Morrison 50 Jahre alte Abfüllung
1994 Suntory – Morrison Bowmore Distillers Ltd
2014 Beam – Suntory

ABFÜLLUNGEN

Altersstufen: 12, 15, 17, 18, 21, 25, 30 und 40 Jahre
Small Batch, Legend, Surf, Mariner, Darkest, Cask Strength, Black Rock, Gold Reef, White Sands, Springtide Devil's Casks, Mizunara Cask Finish

Alle Brennereien haben über die Jahre verschiedene Whiskys auf den Markt gebracht, zum Segen der Sammler. Das gilt besonders für die Bowmore Distillery. Aber aufgrund ihrer kommerziellen Bedeutung sind die erschwinglichen Standardabfüllungen am wichtigsten.

17
LAPHROAIG

THE LAPHROAIG DISTILLERY

2,2 Millionen Liter pro Jahr

3 Wash Stills, 4 Spirit Stills

Port Ellen, Isle of Islay PA42 7DU

Besucherzentrum 0044 (0)1496 302418

www.laphroaig.com

Islay Single Malt

Robbie Dhu Spring

Inhaber: Beam Suntory Inc

Noch überwältigender als der Norden ist der Süden von Islay. Idyllische Strände wechseln sich ab mit Klippen sowie größeren und kleineren Buchten, und nach Osten hin wird die Küste gebirgiger. Friedlich grasen Schafe und Kühe. Der Fährhafen von Port Ellen ist etwas geschäftiger als der von Port Askaig im Norden. Hier gibt es kaum Betriebe, nicht mehr als ein paar kleine Transportunternehmen und eine große Mälzerei. Für den Besuch der umliegenden Brennereien ist Port Ellen mit seinen Übernachtungsmöglichkeiten, Bars, Pubs und Läden der perfekte Ausgangspunkt.

Zwischen Port Ellen und Kildalton Cross kommen wir über die südliche Straßenverbindung der Insel nacheinander an drei Brennereien vorbei: Laphroaig, Lagavulin und Ardbeg.

Die erste, Laphroaig (ausgesprochen Lafreug) ist von Port Ellen zu Fuß erreichbar. Die Brennerei produziert einen Single Malt, der als außergewöhnlichster der Welt gilt. Zwar stellen derzeit mehr Brennereien denn je stark getorften und sogar extra stark getorften Whisky her, aber Laphroaig gibt dabei den Ton an. Als 1994 die Destillerie ihre eigene Community Friends of Laphroaig gründete, erwies sich das als großer kommerzieller Erfolg und die Mitglieder verteilen sich auf der ganzen Welt. Jedes Mitglied besitzt einen Quadratfuß Land auf Islay (auf Lebenszeit) – und dafür muss man nur eine Flasche Laphroaig kaufen. Als Ertrag erhält man ein *Dram* Laphroaig – das man bei einem Besuch vor Ort eingeschenkt bekommt. Die genaue Lage des eigenen Besitzes wurde früher in einem Landbuch aus Papier vermerkt, heute im Computer. Man kann den eigenen Plot nachschauen und persönlich aufsuchen.

Besuchern bietet die Brennerei eine erstklassige Tour in den Torfgebieten, wo man selbst nach Herzenslust Hand anlegen kann. Der sehr besondere Rauch des Islay-Torfs ist völlig anders als der des Festlandtorfs. Das hat viel mit der unterschiedlichen Pflanzenwelt der letzten zehntausend Jahre zu tun. Für einen Teil der Produktion nutzt die Destillerie noch immer die eigene Mälzerei. Wie bei Bowmore und Springbank wirkt sich die Zugabe dieses selbst hergestellten Malzes auf den einzigartigen Geschmack des Single Malt aus.

Maisch- und Gärbottiche sind aus Stahl, was der Brennerei einen modernen, sterilen Touch verleiht. Aber auch wenn die Brauhalle an eine Molkerei erinnert, machen die Brauereigerüche und der rauchige Duft klar, dass hier Whisky produziert wird. Im Glas sieht die fermentierte Gärbrühe aus wie ein trübes Weizenbier oder irgendetwas, das der Darmflora guttut. Im Geschmack zeigt sich bereits das typisch rauchige Aroma eines getorften Whiskys, ebenso die fruchtige Note. Auch wenn es nicht das Endprodukt ist, erkennt man bereits den Stil eines Single Malt Whiskys.

Sehr beeindruckend ist die Brennhalle mit den vier Brennblasen, von denen jede pro Lauf bis zu 5000 Liter Gärbrühe aufnehmen kann.

Unten am Wasser stehen die Laphroaig-Lagerhäuser, sodass die Seeluft und ihr Jodanteil einwirken können. Vermutlich deshalb beschreiben viele nach dem Probieren den Laphroaig als medizinisch. Die Wirkung der „Rauchbombe" wird unterstützt durch würzige Anteile und etwas Lakritz. Der 15 Jahre alte Laphroaig, der Lieblingswhisky von Prince Charles, ist noch etwas komplexer.

Einzigartig ist der Laphroaig Quarter Cask: Nach fünf Jahren Reifung in ehemaligen Bourbonfässern wird der Whisky in Quarter Casks umgefüllt, was der Reifung Schub verleiht. Diese Behandlung bekommt dem Laphroaig keineswegs schlecht, sondern macht aus dem Quarter Cask eine tolle Abfüllung.

Die Batterie an Brennblasen in Laphroaig ist eindrucksvoll.

Laphroaig ist wohl der berühmteste getorfte Whisky und weltweit beliebt.

Laphroaig ist eine der Brennereien an der Westküste von Islay.

Schon ganz jung ist der rauchige Laphroaig eine Köstlichkeit. Sehr trinkbar, aber ohne die Reifung würde er bald langweilig werden.

ZEITLEISTE

1815 gegründet von Alex und Donald Johnston

1847 Familie Johnston setzt Walter Graham als Firmenchef ein.

1857 Dugald Johnston

1921 Ian Hunter

1923 zwei weitere Brennblasen

1954 Bessie Williamson

1961 Long John

2005 Fortune Brands Inc.

2014 Beam Suntory

ABFÜLLUNGEN

Altersstufen 10, 15, 18, 21, 30 und 40 Jahre
Cask Strength, Quarter Cask, Pedro Ximenez
Select 1815–2015 200 years of Laphroaig

Viele Brennereiläden bieten neben Whisky auch Geschenke und Souvenirs an.

Ein alter Friedhof an den Klippen über dem Meer zwischen der Insel Islay und Irland

Kildalton Cross, eine Oase der Ruhe nicht weit von den Brauereien des Südens

18
ARDBEG

THE ARDBEG DISTILLERY
1 Millionen Liter pro Jahr
1 Wash Still, 1 Spirit Still

Port Ellen, Isle of Islay PA42 7EA
Besucherzentrum 0044 (0)1496 302244
www.ardbeg.com
Islay Single Malt
Loch Arinambeast, Loch Uigeadail
Inhaber: Glenmorangie Plc Louis Vuitton
Moët Hennessy

Gleich neben der Ruine einer alten Pfarrkirche steht Kidalton Cross, das nach der Gemeinde Kildalton benannt wurde. Das schottische Wort kil bedeutet Ort, also ist Kildalton der Ort von Dalton. Auch bekannt als Kildalton High Cross oder Kildalton Great Cross, ist Kildalton Cross ein keltisches Kreuz aus dem achten Jahrhundert. Der Monolith steht auf dem Kirchhof der Kildalton Church und ist 2,65 hoch, 1,32 breit und 32 cm stark. Bei der Restaurierung fand man unter dem Kreuz die Überreste einer Frau und eines Mannes. Stammen sie vom letzten Abt, den die Wikinger bei ihrem blutigen Adlerritual geopfert haben? Ruhe und wunderschöne Natur machen dies zum perfekten Ort, um in der Dämmerung Wildherden zu beobachten. Etwas näher an der Ardbeg Distillery liegt eine Bucht, in der man beim richtigen Wasserstand viele Robben sehen kann, die auf den Felsen ausruhen und sich in der Sonne aalen. Die Bucht ist auch bei Tauchern beliebt, die tief unten die Unterwasserwelt bestaunen.

Die letzte der drei großen Brennereien der Südküste von Islay ist Ardbeg. Schon bei der Ankunft erstaunt eine große Esplanade (die auch für Veranstaltungen genutzt wird) sowie eine alte Brennblase aus Kupfer vor dem Eingang. Auf der Esplanade prangt in großen Steinfliesen das Ardbeg-Logo. Wie die anderen Brennereien an der Inselküste von Islay liegt Ardbeg inmitten der Natur. Ein kleiner Rundgang, vor allem auf der Rückseite der Anlage, macht tiefen Eindruck. Bei gutem Wetter kann man bis zum Mull of Kintyre und sogar bis nach Irland hinübersehen.

Der Empfang in der Brennerei ist beeindruckend. Das Besucherzentrum mit Laden, Restaurant und Café ist in einer ehemaligen Darre untergebracht, deren Boden entfernt wurde, sodass man ins Gebälk schauen kann. Einzigartig und beeindruckend. Zwei geradlinige sympathische Experten, Brennereimanager Michael Head und die Chefin des Besucherzentrums, Jacky Thompson, verwöhnen ihre Besucher auf Rundgängen und bei anderen Angeboten.

Ohne Zweifel besitzt die Ardbeg Distillery Schottlands schönsten Maischebottich. Das rustikale Äußere wurde erhalten, aber innen wurde es mit einem modernen Stahltank ausgestattet, der leichter zu unterhalten ist.

Sechs traditionelle Gärbottiche aus Holz fassen pro Lauf 170.000 Liter Gärbrühe. Trotz der Kohlendioxidgase, der Brauhefe und dem Rauch riecht man immer wieder das Fruchtige.

In der Halle, in der die Fässer mit Whisky befüllt werden, liegt ein angenehm alkoholischer Duft in der Luft. Hier beginnt die Reifung im Holz. Die Holzfässer, überwiegend sind es Bourbonfässer, werden jeweils mit Nummer und Datum versehen, nachdem sie befüllt wurden. Die Lagerhäuser sind geräumig und sofort fällt auf, dass die Fässer hier nicht sehr hoch gestapelt werden.

Die meisten Abfüllungen aus Ardbeg erkennt man am schweren Torfaroma des Malt Whiskys, oft mit fruchtiger Note und Anklängen von Gewürz oder einer typischen Kakaonote. Häufig wird Ardbeg Whisky bei einem Alkoholgehalt über dem festgelegten Minimum von 40 Prozent abgefüllt. Ardbeg Whisky wird nicht kühlfiltriert, um das maximale Aroma zu erhalten und gleichzeitig Körper und zusätzliche Tiefe zu erreichen. Aromen von Schalentieren und Mineralien runden das Bukett ab. Eine Flasche Ardbeg passt hervorragend zu kräftigem Käse oder einem Schokoladendessert.

Die meisten Brennereien auf Islay bieten Cottages zum Mieten an. In unmittelbarer Nachbarschaft einer Brennerei zu übernachten, ist ein besonderes Erlebnis.

Wo auch immer auf Islay Sie sich aufhalten, verpassen Sie den Sonnenuntergang nicht, am besten mit einem Dram Islay Single Malt in der Hand und dem Klang der Wellen im Ohr – und im Gedanken, wann Sie wieder in dieses Whisky-Paradies zurückkehren: Islay, Königin der Hebriden.

Die alte Darre, in der früher das Malz geräuchert wurde, dient heute als Restaurant und Laden. Ardbeg Single Malt ist vor allem in den skandinavischen Ländern sehr beliebt.

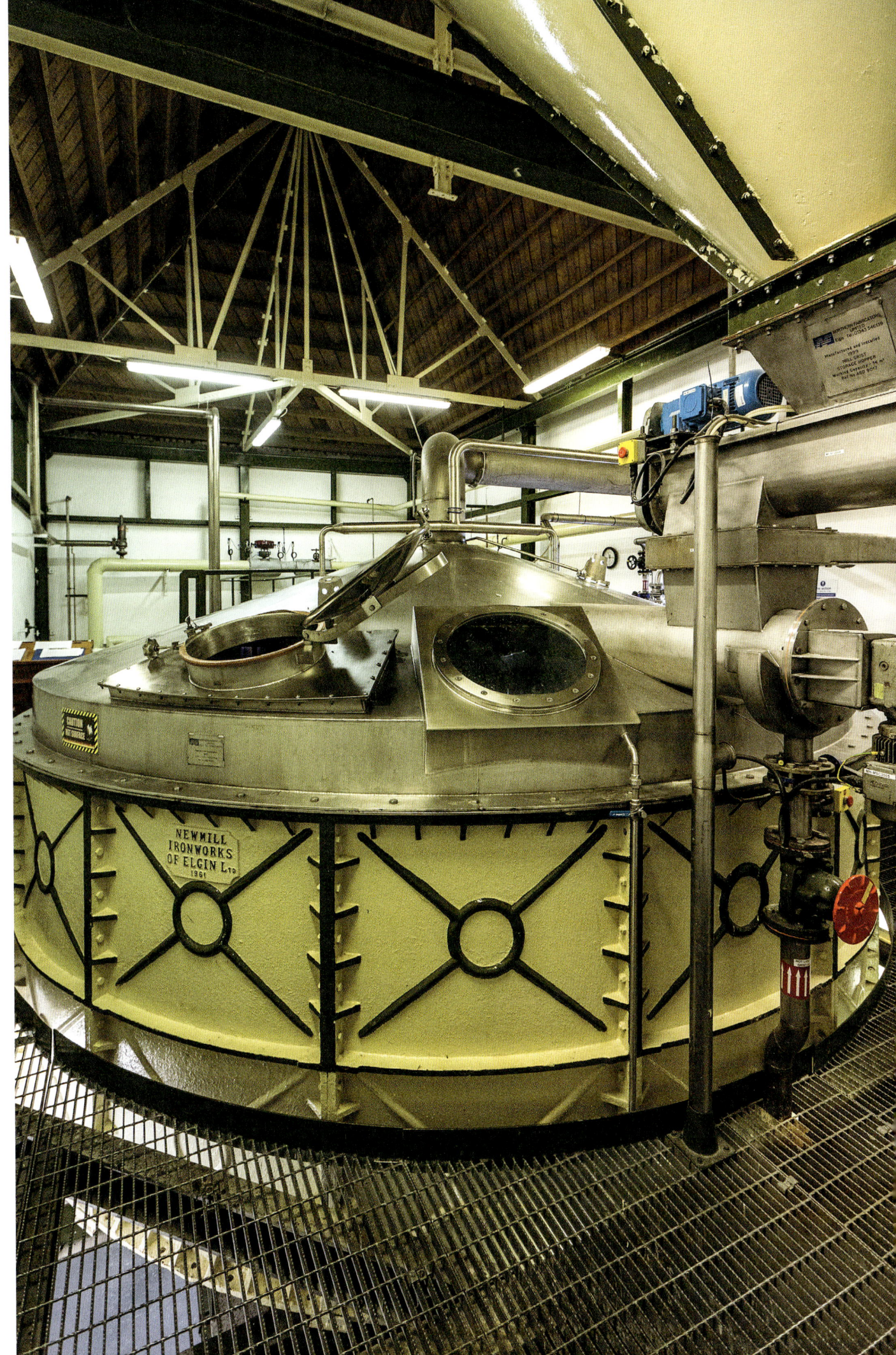

Ein Besuch unter sachkundiger Führung des Ardbeg-Teams ist so unterhaltsam wie lehrreich. Am Ende steht immer ein feines Tasting.

ZUGEHÖRIGE BRENNEREIEN

Glenmorangie Distillery

ZEITLEISTE

1815 gegründet von Familie MacDougall
1817 erste Produktion
1959 Ardbeg Distillery Ltd
1977 Hiram Walker
1981 stillgelegt
1989 Allied Distillers
1996 stillgelegt
1997 Glenmorangie Ltd
1998 neues Besucherzentrum

ABFÜLLUNGEN

Ardbeg 10 years   Ardbeg Blasda
Ardbeg Uigeadail   Ardbeg Alligator
Ardbeg Corryvreckan   Ardbeg Renaissance
Ardbeg Supernova   Ardbeg Arinambeast

Eine große Auswahl älterer Ardbeg-Abfüllungen ist noch erhältlich:

Ardbeg 17 year old

Ardbeg Vintage 1974, 1975

Ardbeg Lord of the Isles

diverse Abfüllungen Ardbeg 30 und 32 years

Ardbeg Very Young, Ardbeg Still Young und

Ardbeg Almost There

Der neu gemachte Hof der Brennerei mit dem Logo in der Mitte, gleich neben dem Parkplatz, steht für Veranstaltungen zur Verfügung.

Ein Erlebnis für sich ist die Übernachtung in einem Cottage.

Um dieses Whisky-Paradies zu verlassen, fährt man mit der Fähre an den Brennereien des Südens vorbei. Ein letzter Blick bei klarem Wetter und man weiß schon, dass man eines Tages auf diese göttliche Whisky-Insel zurückkehren wird. Wer den Fuß nach Islay setzt, steckt sich sofort mit Islayitis an, ein Fieber, das man nicht mehr loswird.

DANK

Mein erstes Whisky-Erlebnis hatte ich 1969. Damals hätte ich nicht gedacht, dass ich einmal etwas über dieses Thema zu Papier bringen würde. Aber so ändern sich die Dinge. Einhundertzwanzig Schottlandreisen später ist dies mein neuntes Werk. Eigentlich ist es gar nicht so schwer, über etwas zu schreiben, das einem so am Herzen liegt. Über ein Hobby, das irgendwann aus dem Ruder lief, denn das ist es tatsächlich für mich: ein Hobby, das ganz schön aus dem Ruder geriet.

Ein Buch zu schreiben ist aber noch ein Schritt darüber hinaus. Ich verstehe mich nicht als Schriftsteller und wollte nie einer werden. Aber, auch wenn das nach einem Klischee klingt, Whisky genießt man am besten in Gesellschaft. Man möchte das Vergnügen und sein Wissen mit anderen teilen. Whisky zu probieren und zu erleben ist eine gesellige Sache.

Ohne die Menschen um mich herum wäre dieses Buch vermutlich nie entstanden. Menschen, die mich angeregt und mir geholfen haben. Die Aufgaben übernahmen, die mir die Möglichkeit gaben, mit den Fachleuten zu sprechen, oder mich auf Aspekte brachten, mit denen ich nie zuvor zu tun hatte. Dieser Entourage möchte ich meinen Dank aussprechen. Miss Ann Croenen für die Hilfe im Kindergarten. Willy Bals als Reisebegleiter und Assistent auf den Schottlandreisen. Paul Colson für sehr anregende Konsultationen, ein sorgsames Auge und technische Unterstützung. Steven für das sehr professionelle Layout. Dem Fotograf Andrew Verschetze und seiner unendlichen Geduld dabei, gute Fotos zu machen. Allen Mitarbeitern des Verlags Lannoo, wo man sich als Autor gut aufgehoben fühlt. Und last but not least meiner Frau Patsy, die mit großer Geduld und Verständnis während der nötigen Schottlandreisen und dem Schreiben an diesem Buch das Geschäftliche übernahm. Vielen Dank, euch allen, für die hervorragende Zusammenarbeit.

BOB MINNEKEER (1951) ist seit dem 19. Lebensjahr ein in der Wolle gefärbter Whisky-Enthusiast. Er wuchs im bourgeoisen Restaurant seiner Eltern auf, wurde offensichtlich in einen burgundischen Lebensstil hineingeboren und entwickelte sich früh zum waschechten Gastronom mit einem besonderen Interesse für Whisky. Es dauerte nicht lang, bis er zu seinen ersten Whisky-Trips in den kühlen Norden aufbrach. Über 45 Jahre lang hat Bob Minnekeer die Region bereist und Tausende Whiskys aus allen möglichen Gegenden und Abfüllungen probiert, um immer mehr zu lernen und zu verstehen. Als das Wohnzimmer seine Whisky-Sammlung nicht mehr fassen konnte, eröffnete er einen Whisky-Klub mit dem Namen Glengarry, eine zugängliche Vereinigung, in der Neulinge und Kenner gleichermaßen auf ihre Kosten kommen. Bob Minnekeer bezieht Wissen und Erfahrung aus den über 10.000 Whiskys, die er probiert, und über 2500 Tastings, die er organisiert, sowie 120 Schottlandreisen, die er unternommen hat.

Bob Minnekeer verleiht außerdem Auszeichnungen und Medaillen, veranstaltet Kurse und Tastings auf allen Niveaus, erstellt Whisky-Routen und Whisky-Dinners. Zudem führt er den Ehrentitel „Whisky Buff" der Scotch Malt Association. Als ehrenamtlicher Vorsitzender der belgischen Scotch Single Malt Society kann er auf 45 Jahre Whisky-Erfahrung zurückblicken.

ANDREW VERSCHETZE (1951) studierte Kunst und Fotografie an der Königlichen Kunstakademie in Gent und spezialisierte sich auf Lebensmittelfotografie. Sein Werk umfasst mehrere Bücher über Wein und Bier, darunter Geuze and Kriek, Spéciale Belge Ale, Message in a Bottle sowie das vorliegende Schottischer Single Malt Whisky der Meisterklasse. Er hat außerdem am berühmten „The Chefs of Belgium" mitgearbeitet.

© 2016, Lannoo Publishers, Tielt, Belgien
für die Originalausgabe unter dem
Originaltitel: Masterclass Single Malt Whiskies of Scotland
www.lannoo.com

Alle Rechte vorbehalten. Kein Teil dieser Ausgabe darf ohne vorherige schriftliche Genehmigung des Herausgebers reproduziert, in einem automatisierten Abrufsystem gespeichert und/oder in irgendeiner Form oder mit irgendwelchen elektronischen, mechanischen oder sonstigen Mitteln veröffentlicht werden.

Text: Bob Minnekeer
Fotografie: Andrew Verschetze
Übersetzung aus dem Englischen: Bernd Gutberlet
Grafikdesign: Steven Theunis, Armée de Verre
Coverdesign: Andeas Haase, hello & goodbye
Produktion: Andy Lindemann, ELBE&FLUT

Ein Gesamtverzeichnis der lieferbaren Titel schicken wir Ihnen gerne zu. Bitte senden Sie eine E-Mail mit Ihrer Adresse an vertrieb@koehler-books.de
Sie finden uns auch im Internet unter www.koehler-books.de

Bibliografische Information der Deutschen Nationalbibliothek
Die Deutsche Nationalbibliothek verzeichnet diese Publikation in der Deutschen Nationalbiblio-grafie; detaillierte bibliografische Daten sind im Internet über http://dnb.d-nb.de abrufbar.

ISBN 978-3-7822-1347-9
© 2019 by Koehler
im Maximilian Verlag GmbH & Co. KG für die deutsche Ausgabe
Ein Unternehmen der TAMMMEDIA
Alle Rechte vorbehalten.

Printed in Europe